本书系国家社科基金一般项目"社会治理视域下'可沟通乡村'建设研究"（编号：20BXW086）、河南财经政法大学校级科研团队"文化产业与数字经济融合发展研究团队"的阶段性研究成果

A Comparative Research on Media Literacy in Rural Areas
(2010-2020)

农村地区媒介素养对比研究

（2010-2020）

尹晓楠 著

中国社会科学出版社

图书在版编目（CIP）数据

农村地区媒介素养对比研究：2010-2020／尹晓楠著.
—北京：中国社会科学出版社，2022.9
ISBN 978-7-5227-0694-8

Ⅰ.①农… Ⅱ.①尹… Ⅲ.①农村—传播媒介—素质
教育—对比研究—中国—2010-2020 Ⅳ.①G219.2

中国版本图书馆 CIP 数据核字（2022）第 144904 号

出 版 人	赵剑英	
选题策划	宋燕鹏	
责任编辑	金　燕　史丽清	
责任校对	李　硕	
责任印制	李寡寡	

出　　　版	中国社会科学出版社	
社　　　址	北京鼓楼西大街甲 158 号	
邮　　　编	100720	
网　　　址	http://www.csspw.cn	
发 行 部	010-84083685	
门 市 部	010-84029450	
经　　　销	新华书店及其他书店	

印　　　刷	北京明恒达印务有限公司	
装　　　订	廊坊市广阳区广增装订厂	
版　　　次	2022 年 9 月第 1 版	
印　　　次	2022 年 9 月第 1 次印刷	

开　　　本	710×1000　1/16	
印　　　张	13.25	
插　　　页	2	
字　　　数	189 千字	
定　　　价	78.00 元	

凡购买中国社会科学出版社图书，如有质量问题请与本社营销中心联系调换
电话：010-84083683

前　言

　　著名思想家和新闻记者李普曼认为，随着社会环境的不断变化，人们对周围世界的认知会越来越依赖于大众媒介。公众接触媒介越多，他们对客观现实的认知受媒介中形象构建的影响就越大，进而影响其世界观和价值取向。按照他的观点，在现代社会，我们对周围世界的认识和行为将越来越依赖于媒介。受众接触的媒介越多，越有可能根据媒介中的形象构成自己对客观现实的认识，从而形成一定的世界观和价值取向。值得注意的是，一方面大众媒介已成为大众认识社会、获取知识的主要渠道，人们对信息的解读、对现实的理解、对价值的判断，无一不受到传媒潜移默化的影响；另一方面，传播过程中政治、经济、文化等因素不可避免地对信息传播产生影响。尤其在媒介产业化的浪潮中，大众传媒的全球化、商业化趋势日渐明显，媒介可能会受到各种利益集团的操控，其所传播信息的可靠性大打折扣。在新媒体时代，面对更加复杂的媒介环境和良莠不齐的媒介信息，人们对信息的选择和驾驭能力受到了前所未有的考验。能否理性使用并有效利用媒介，不仅关系公民媒介化生存的质量，还将对其个人发展起到重要作用。因此，媒介素养逐渐被视为公民基本文化素养的延伸，成为现代公民必备的基本素质。

　　长期以来，由于地理、交通、教育、经济等因素的影响，我国农民的信息接触和媒介使用能力一直处于较低的水平。伴随着互联网、手机等新媒体的普及，农民使用和参与媒体的机会大大增多，信息接触渠道得到空前地拓展。为了让中国农村及偏远地区贫困群众跟上互联网的步伐，2019 年中央网信办、国家发展改革委、国务院扶贫办、工业和信息化部联合印发了《2019 年网络扶贫工作要点》，加大网络扶贫力度。网络扶贫作为脱贫攻坚的组成部分，在精准扶贫及"扶智""扶志"方面的作用已经初步显现。

在国家"乡村振兴"和"数字乡村"战略背景下，如何利用网络扶贫成果，逐步实现脱贫攻坚成果与乡村振兴的有效衔接，不仅有利于激发脱贫人口的内生动力，从根源上实现脱贫不返贫，还直接关涉"乡村振兴战略"的顺利实现。在新的网络环境下，媒介素养水平作为公民的基本素养，不仅关系到农村地区人口的数字生活质量，还关系到农村地区数字经济内生动力的激发及乡村振兴战略的顺利实现。

目前通过网络扶贫工作，我国已初步实现了全球领先的农村网络覆盖。但值得注意的是，农村地区居民的媒介接触和媒介使用水平与城镇居民相比仍有较大差距。截至 2020 年 12 月，中国农村网民人数为 3.09 亿人，占中国网民整体的 31.3%，农村宽带用户总数为 1.42 亿户，仅占全国固定互联网宽带用户的近 30%。尽管近十年城乡地区互联网普及率差异正在逐渐缩小，但是互联网使用上的地区差异、群体差异仍然明显。在信息全球化的今天，农民对媒介信息的需求明显加强，想要独立自主地处理媒介信息、利用媒介信息的愿望很迫切，但在城镇化、市场化背景下，相较于其他的市场主体，农民群体具有天然的劣势。他们世世代代生活在小农经济的环境中，获取信息的渠道和技术手段远不如城镇居民。因而，在媒介接触使用能力方面，城乡之间存在着较大的"知沟"。

与此同时，新媒体技术改变了传统媒体时代的传受方式，跨地域、双向、开放性的传播，使新媒体成为农村地区与世界联系的桥梁和纽带。但传受关系的模糊，也使得传播环境更加复杂。尤其以快手、抖音为代表的新兴媒体的崛起，大大降低了媒体参与和表达的工具门槛，更多普通人的媒介表达内容可以被看到。但在短视频全民化参与的背后，信息传播者的素质良莠不齐，直接导致虚假信息、低俗新闻、色情暴力内容的泛滥。对于接收到的新闻信息，农民群体由于经验及文化知识等方面的局限，缺乏必要的识别能力。

而他们的子女作为青少年，对新媒体工具和传播平台的运用能力要远高于父辈。根据共青团中央维护青少年权益部和中国互联网络信息中心于 2020 年 5 月联合发布的《2019 年全国未成年人互联网使用情况研究报告》，截至 2019 年年底中国未成年网民人数为 1.75 亿人，城乡未成年人网络普及率分别为 93.9% 和 90.3%。但是，中国目前尚未形成统一、标准的媒介素养教育教学体系，加上农村地区的未成年人在生活经验、视野开阔度甚至是文化知识储备方面远低于居住于城市的同龄人，使得他们更易受个人偏见、血腥暴力等负面内容的影响。一旦农村地区的青少年对有害传播内容盲目跟风模仿，不仅严重影响青少年的身心健康，还将影响其人生观和价值观的形成。而一部分农民家长由于自身文化水平和媒介素养水平的局限，缺乏对媒介的科学认识，无法充当孩子的媒介向导。也就是说，作为我国最庞大的受众群体，农村地区居民的的媒介素养水平不仅直接影响当前中国国民整体的媒介素养水平，势必还将间接影响其子女及后代的媒介素养水平。

河南省是我国人口第一大省，总人口 1.09 亿，农村常驻人口达 4511 万，占全省常驻人口的 46.79%，占全国农村总人口的 8.1%。作为全国的农业大省，河南省处于"中部崛起"的重心位置，其农村经济和农民生活水平与全国几乎持平，农民媒介素养水平在中部乃至全国具有典型的代表性。本书在中西方媒介素养研究成果的基础上，通过问卷调查法和个人访谈法，将农村地区的媒介素养置于当前社会环境和媒介环境的变化之中，对农民群体媒介认知理解、接触使用、批判评价及参与创作能力的现状进行综合分析，试图总结新媒体环境下农村地区媒介素养的新变化，找出影响农村地区媒介素养水平的因素，并提出改善农村地区居民媒介素养现状的意见和建议，以期为政府及相关部门提供参考。

本书在撰写过程中得到了很多同事和学生的帮助，感谢方雪琴、郑素侠、李凌凌三位老师在书稿撰写中提出的宝贵意见，感谢同事董岩、陈海峰给与的鼓励和支持。本书中的调查数据收集时间跨度较长，2010

年问卷调查由常敏、张乐、郭晓静、王维静、王倩、闻亚丽、贾雪等郑州大学同门进行。2020 年的问卷调查则在张肖云、翟宏宇、王艳明、赵欣悦、焦晨燕、谷雨洁、彭璨、崔梦丹、韩艳红、陈慧杰、陈曼茹、符旌旗等 14 位河南财经政法大学研究生和本科生调查员的帮助下完成，在这里一并感谢。

由于书稿编写时间有限，调查研究时间跨度较长，书中难免有错误和不足之处，恳请读者批评指正。

尹晓楠

2022 年 7 月

目　　录

第一章　媒介素养与媒介素养教育

在现代信息社会，数字技术和移动终端的不断普及，使大众传媒的触角深入人们生活的方方面面。在丰富且庞杂的媒介信息面前，如何甄别、筛选、传播和生产有用的信息，已经成为新媒体时代公民必备的基本素养。

第一节　媒介素养的定义

由于翻译和研究视角的差异，目前国内外关于"媒介素养"的认识尚未统一。在欧洲，媒介素养一般被等同于"媒介教育"，在美国和加拿大则被译为"媒介素养"。在日本和我国台湾地区，多被称为"媒体识读"或"媒体素养"，但我国的香港地区则习惯性译为"传媒素养"。尽管关于媒介素养的译名各不相同，但其整体上差异性不大，且以"媒介素养"的叫法最多。本节将对"媒介素养"及相近的概念进行阐述，并加以区分。

一　媒介素养

"媒介素养"（Media Literacy），是个舶来词，起源于英国，是素养尤其是文化素养概念的延伸。根据英国的《剑桥国际英语词典》，"素养"（Literacy）被解释为"具有读和写的能力"；在美国的《韦氏英语词典》中，关于"素养"的解释则是"读写能力的高低"。无疑，"素养"一词与"读和写的能力"有密不可分的联系。在传统书写和文字印刷时代，"素养"被视为读书看报、书写撰文的能力。但随着信息时代的来临，"素养"被赋予了新的内涵。1933 年，针对报纸、电影、电视等大众传媒对精英文化的冲击，英国文化批评家李维斯和汤普森率先提出了"媒介素养"的概念，希望公众可以一起抵制大众传媒及其带来的低俗文化。进入 21 世纪，在互联网技术的冲击下，为了更加适应激变的媒介环境，"素养"的内涵得以补充，不再是传统意义上的读写能力，而是包含人们对各种各样媒介信息的理解能力、辨别能力、反应能力和利用能力的综合能力。张一蕃就认为，信息时代的素养是"个人与外界做合理而有效的沟通或互动所需具备的条件"[1]。

根据素养及媒介的内涵和外延，媒介素养可以被划分为两个层面：一是基础的读写能力和思考能力，也就是传统的文化素养；二是生活中人们必须用到的信息采集和使用能力。正如传播学家麦克卢汉曾说，环境通常是看不见的，对人们的影响也是潜移默化的。但媒介素养却能让人们带着质疑或批判的眼光接触并使用媒体，使媒介环境得到清晰地反映。

英国媒介教育学者大卫·帕金翰将媒介素养定义为："使用和解读媒介信息所需要的知识、技术和能力"[2]，并认为媒介素养可分为使用和解读媒介信息两个层面。

1992 年，美国媒介素养研究中心也对媒介素养给出了定义：媒介素养就是指人们对于媒介信息的选择、理解、质疑评估的能力，以及制作和生产媒介信息的能力。

中国台湾政治大学传播学院媒体素养研究室则认为："媒体素养指大众能解读媒体、思辨媒体、欣赏媒体，进而利用媒体来发声，重新建

---

① 张一蕃：《素养的意义》，《信息科技对人文、社会的冲击与影响期末研究报告》，"中央研究院"资讯科学研究所 1997 年版。

② 袁军：《媒介素养教育论》，中国传媒大学出版社 2010 年版，第 35 页。

立社区的媒体文化品位，并了解公民的传播权利和责任。"①

2001 年，美国媒介素养联盟对媒介素养的定义进行了补充："通过利用越来越广泛的图像、语言和声音等媒介信息，使人们能够成为具有批判意识的思考者和具有创新性的创造者。"②。

随着计算机和互联网的普及，研究者们接连提出了计算机素养、信息素养和网络素养等概念，媒介素养的内涵和外延被进一步拓展。在信息时代，媒介素养不仅包括信息利用能力，还包括有效创造和传播信息的能力。

在社交网络和移动互联网革命的背景下，李·雷恩尼和巴瑞·威曼在著作《网络化：新的社会操作系统》中提出了"新媒介素养"的概念。他们认为，在"网络化个人主义"时代，人们应该具有的新媒介素养应包括：图像处理能力、导航能力、信息的组织和联通能力、专注能力、多任务处理的能力、怀疑精神以及道德素养。③

彭兰教授在社交化媒体时代的背景下，对媒介素养进行了重新定义，认为"在新的媒介环境下，受众不仅是消费者，更是内容的生产者，是媒介活动的参与者。因此，她将媒介素养的内涵总结为：媒介使用素养、信息消费素养、信息生产素养 、社会交往素养、社会协作素养、社会参与素养。"④

中国传媒大学张开教授则认为可以从多学科角度对媒介素养进行思考和界定。从传播学的角度来看，"媒介素养是一种使用传播工具的技能，是新媒体时代社会生存能力的体现；从社会学视角看，媒介素养是一种公民权益；在教育学学者的眼里，媒介素养是培养的过程和

① 蔡帼芬、张开、刘笑盈主编：《媒介素养》，中国传媒大学出版社 2005 年版，第 64 页。

② 陈晓慧、王晓来、张博：《美国媒介素养定义的演变和会议主体的变革》，《中国电化教育》2012 年第 7 期，第 19—20 页。

③ Lee Rainie and Barry Wellman, *Networked：The New Social Operating System*, London：The MIT Press, 2012, pp. 272 - 274.

④ 彭兰：《社会化媒体时代的三种媒介素养及其关系》，《上海师范大学学报（哲学社会科学版）》2013 年第 3 期。

成果。"①

这证明，随着时间的不断推移，中国学者对媒介素养有了更深的探索，他们结合中国传播环境的变化和不同的学科背景，拓展了媒介素养的内涵和外延，使其发展成了多学科、多内涵、多角度的概念。"对媒介素养的基本要素也形成了基本共识：一种方法，通过媒介观察世界的方法；一种手段，利用媒介认识世界的手段；一种技巧，掌握媒介、使用媒介的技巧；一种能力，解读、鉴别信息的能力；一种观念，批判、驾驭媒介的观念"②。

二 媒介素养与媒体素质

与"媒介素养"（Media Literacy）不同，"媒体素质"（Media Competence）起源于德国，由德语"Medienkompetenz"翻译而来，是欧洲德语国家学术界广泛采用的一种概念。

"素质"一词最早源于生物学，最早是指胚胎细胞对发育刺激产生反应的一种能力。被引入语言学后，引发了学者们的普遍关注。德国著名社会学家哈贝马斯在关注到"人人相同的思想"和"素质"的概念后，形成并提出了"交流素质"的概念。他认为，交流素质是人类与生俱来的一种能力，人们可以借助这种能力来实现与他人的交流。

但是，哈贝马斯"交流素质"概念主要强调人的语言功能，并不涉及表情、行为等非语言表达方式。③

受哈贝马斯"交流素质"概念的影响，1973 年德国媒体教育学家迪特·巴克在其博士后论文《交流与素质——交流教学及其媒体基础》中，第一次将"交流素质"的概念引入了教育学领域。在对哈贝马斯"交流素质"概念继承发展的基础上，巴克最早提出了"媒体素质"的概念。他认为，人类具有与生俱来的交流能力，借助这种素质，人们学

---

① 张开：《刍议媒介素养学科建立》，《现代传播》2016 年第 1 期。
② 陈力丹：《提升媒介素养》，《东南传播》2017 年第 8 期，第 34 页。
③ 吕巧平：《媒介化生存——中国青年媒体素质研究》，中国传媒大学出版社 2007 年版，第 17 页。

会说话、交往、使用媒体，并学会影响他人的行为。而这种"媒体素质"是人们借助媒体进行的非面对面的媒介交流，借助媒体信息的使用和处理进行社会交往和互动的素质。巴克认为，"媒介素质"可以分为媒介批判、媒体知识、媒体使用和媒体创作能力四个部分，[①] 这与媒介素养的层次划分大致吻合。20 世纪 90 年代，"媒体素质"概念在德国教育学及欧洲德语教育学中得到了广泛的认同，但沿用的均为"Media Competence"而非"Media Literacy"。

　　总结来看，"媒介素养"与"媒体素质"最大的区别在于："媒介素养"强调后天的学习能力，即强调学校、社会及个人对媒介知识的掌握、媒介批判性使用能力的学习和培养。而"媒介素质"的内涵则更广，既包含人类与生俱来先天性的能力，也包括后天的学习能力。从一定程度上看，"媒介素质"的概念要大于"媒介素养"。笔者认为，不管是对媒介知识的理解，还是对媒介信息的批判性使用和参与，都是在人类社会化的过程中习得并培养的，不可能是在人出生时就可以与生俱来。因此，本书采用"媒介素养"这一概念，在研究中主要侧重于人们后天所学习或培养出的对媒介的认知、使用、评价及参与能力。

三　媒介素养与信息素养

　　信息素养（Information Literacy）是从图书馆检索发展并演变而来，最早由信息产业协会主席保罗·泽考斯于 1974 年在美国提出，指利用信息工具和信息资源使问题获得解答的技能。[②] 1989 年，美国图书馆协会（ALA）下设的"信息素养总统委员会"在其年度报告中对信息素养的含义进行了重新概括，"要成为一个有信息素养的人，就必须能够

---

　　① 吕巧平：《媒介化生存——中国青年媒体素质研究》，中国传媒大学出版社 2007 年版，第 21 页。

　　② Behrens Shirley J., A Conceptual Analysis and Historical Overview of Informatin Literacy，*College and Research Libraries*，1994（4），p. 309 – 322.

判断自己的信息需求，懂得如何有效地获取、评价和使用所需要的信息"。① 简单来说，信息素养包括文化素养、信息意识和信息技能三个层面。1992年，美国国家图书与信息科学学会将信息素养的概念进一步简化为"识别、检索、评价、组织、有效创造、利用、交流信息处理问题的能力"②。

近年来不断有学者将媒介素养和信息素养作为比较研究的对象，试图对它们的区别和联系进行深入的探讨。有些学者认为，从教育发展的意义看信息素养属于综合概念，是涵盖了媒介素养的"全能素养"③；另一些学者则认为信息素养主要强调技术和技能的掌握，而媒介素养不仅关注媒介技术的认知，还重视公众的媒介信息批判意识，因而信息素养是媒介素养的一部分④。但不可否认的是，两者无论是概念的起源、内涵和价值，还是培养的方式、内容和所需条件，都有着明显的不同。

从起源来看，"信息素养"是科学技术发展的产物，是对人们图书馆检索技能要求的新变化，也就是将图书检索技能和计算机技术结合而成的一种综合性能力。而"媒介素养"提出的主要目的是为了抵制大众传播媒介和流行文化，以保护传统精英文化。从学科背景上看，"信息素养"与计算机、图书情报、教育技术等学科高度相关，主要关注信息的选择、检索、利用及评价；而"媒介素养"则是融合了传播学、新闻学、社会学、教育学等诸多学科的理论，涉及的能力更多更广。从对人的价值上来看，"信息素养"的价值在于能够帮助人们利用信息技术或工具快速解决信息社会中遇到的问题；而"媒介素养"旨在帮助人们更有效且理性地使用并传播各类媒介信息，提高人们的媒介生存质量，其本质是培养人们主动批判性的鉴别赏识能力。从培养方式上来

---

① 王旭卿：《国外信息技术教育实践与启示》，《中小学信息技术教育》，2003年第7期，第22页。

② Association of college and Researh Libraries Information Literacy Competency standands for Higher Education，http：//www. iste. org/AM/Template. cfm? Section = NETS.

③ 桂林：《信息素养与媒介素养辨析》，《中国成人教育》，2007年第24期，第6—8页。

④ 李月莲、王天德：《培养21世纪本领：浙江省媒介素养教育的目标与实践》，《中国广播电视学刊》2012年第4期，第64页。

看，"信息素养"主要借助于计算机教育和信息技术教育来实现，目前各国基本上均已进入实施阶段；而"媒介素养"的培养方式则更复杂，涉及的学科和领域也更广，各国的培养方法也并不统一，目前仍处于探索阶段。从培养所需要的条件来看，"信息素养"对硬件要求较高，毕竟信息技术课程的开设仅需要计算机和网络；而"媒介素养"类课程的开展，不仅需要网络等硬件支持，还需要政策、人才等软性条件的支持和投入。

可见，"信息素养"更加侧重于信息技术时代信息的利用能力，而"媒介素养"则是一种综合性的文化素养。笔者认为，与"信息素养"相比，"媒介素养"拥有更深的内涵和更广的外延，它对人们能力的要求更高。值得注意的是，尽管信息素养和媒介素养均在20世纪90年代传入中国，但两者的发展现状却很不相同。目前，国内中小学校均已全面普及信息技术课程，信息素养得到了社会的广泛关注和认同，但开设媒介素养相关课程的却寥寥无几。

综合分析以上概念定义，笔者认为，媒介素养不仅仅包括对媒介信息的选择和接触能力，还包括对信息的质疑、批判和评估能力及对媒介信息和媒介产品的创造和传播能力。它侧重于大众自身的创造力及独立意识的培养，目的是让人们成为具有独立思考能力和思辨批判能力的优秀个体。因此，本书引用了张开教授对媒介素养的定义："媒介素养是指人们面对媒介的各种讯息的选择能力、理解能力、质疑能力、评估能力、思辨性应变能力，以及创造和制作媒介讯息的能力"①，并将媒介素养分为媒介理解认知、媒介接触使用、媒介反思批判、媒介参与互动四个方面。

第二节 媒介素养包含的四个层面

尽管各国的学者对媒介素养包含的内容各持己见，命名的方式也不

---

① 张开：《媒介素养概论》，中国传媒大学出版社2006年版，第99页。

尽相同，但其中无不包含着对媒介的认知、使用、评价和创造性参与四个方面。笔者根据对各国学者意见的总结和自己对媒介素养的理解，将媒介素养的内涵总结为媒介认知理解、媒介接触使用、媒介批判评价、媒介参与创作四个层面。

一 媒介认知理解

媒介认知理解，也叫媒介知识或者媒介认识，也就是对关于媒介和媒介系统相关知识的理解。德国媒体教育学家迪特·巴克在对"媒介知识"这项媒介素养能力进行描述时指出，媒介知识就是关于媒体和媒介组织的知识，主要包括媒体有关的常识和媒体操作知识两个方面。[①] 也就是说，媒介认知理解是指人们对媒介基本概念、内涵、运作机制、媒介功能、媒介符号和信息、媒介发展史等内容的知晓和掌握情况。

具体来说，媒介素养的认知理解层面主要包含媒介常识、媒介运行机制和媒介功能三大块。早在 20 世纪 30 年代，中国新闻学者们在印刷时代就已经提出了让公众了解"新闻纸是什么"的概念。这代表在早期的媒介素养萌芽阶段，媒介常识、媒介运行机制和媒介功能等内容都被认为是国民应该具有的基本素质。

媒介常识主要是有关媒体的基本知识，包括媒体是什么、记者是为谁工作、电视台有几个频道或报纸有多少个版面等；媒介的运行机制则是考察人们对媒介集团内部运行制度的理解，包含了某个媒体是国营还是私营、媒体的收入从哪来等；媒介的功能则是考察在人们的心目中媒体主要作用是什么，是提供信息、还是获取国内外新闻，又或者仅仅是为了娱乐？这三大块构成了媒介认知理解层面的主要内容，是媒介素养的起点。

---

① 吕巧平：《媒介化生存：中国青年媒体素质研究》，中国传媒大学出版社 2007 年版，第 22 页。

二 媒介接触使用

媒介接触和使用是媒介素养最重要的层面之一，它的含义较为容易理解，就是指运用媒体和操作媒体的能力。由于人们文化、教育程度及个人爱好和习癖的不同，他们对媒介的接触和使用是有一定的偏好的。

媒介接触和使用层面主要包含：媒介的选择偏好、媒介选择的动机、媒介内容的偏好、媒介使用的频次、使用的时长、使用的时间段、是否能利用媒介满足自身的要求等。其中，媒介的选择偏好指在报纸、广播、电视、网络、手机及社交媒体中选择和使用的喜好；媒介选择的动机、媒介内容的偏好指在使用媒介的过程中基于何种目的对媒介和其相关内容进行选择；媒介使用的频次、使用时长、使用的时间段是对媒介使用程度的最好考察；而是否能利用媒介满足自身的需要则是对农民主动利用媒介意愿的反映。

三 媒介批判评价

媒介的批判和评价是媒介素养最为重要的层面。媒介的批判能力是英国最早一批专家和学者们关注的焦点，发展沿承至今，依然被各国研究者们重视。因为媒介素养教育的首要目标，就是培养人们的思考能力，让他们能够对媒体所传播的信息进行分辨和筛选，批判性接受，从而成为拥有独立思考能力的个体。

媒介批判能力包含两种不同的能力，一是媒介信息的分析能力，二是自我对媒介信息、媒介事件、媒介行为的反思。

在新媒体时代，海量的信息和多样化的媒介平台给了人们更多的信息接触机会和选择空间，但同时也为人们提供了更加复杂的媒介环境。互联网平台的开放性不仅带来了海量的信息，也使信息来源多元化成为常态。这意味着信息消费者正在面临更加复杂的信息环境，他们的信息选择会更加艰难。因此，作为信息时代的消费者，公众需要具备更强的筛选、判别与辨识能力，尤其是如何在过量信息中有效筛选并利用信息的能力。除了借助专业媒体的"过滤"外，公众还可以寻求搜索引擎和社会化媒体中的关系网络的帮助。一方面，个体的搜索技巧直接影响到其获取信息的质量，掌握足够的搜索工具与搜索能力是媒介素养的体现；另一方面通过自己信任的机构、组织、群体或个人，来完成信息的筛选。在这种情况下，对于信息源的判别与选择，将成为对信息准确分析的基础。媒介分析能力的核心在于，人们在接触并使用媒介的过程中，对媒体的制作传播的相关背景和知识有一定的见解，根据自己的理解评判媒体信息的有用性，而不是听之任之，被大众媒介"牵着鼻子走"。

相比之下，媒介的反思能力往往是学者关注的焦点。在接触媒介信息之后，对媒介的反思主要包括自我反省、媒介信任度、媒体道德意识等更加宽泛的内容。自我反省是对自我媒体行为的反思和适应调整的能力，在前面分析媒体内容的基础上，将分析的知识用于自己的媒介行为中，即反映人们对媒体所传播信息的思考和行动能力；媒介信任度，是人们根据对各种媒介所传播信息的比较而产生的对不同类型媒介信息的信任程度，对媒介的未来发展将会有很大的帮助；而媒体道德意识，是人们作为一个普通媒体使用者应该具有的社会责任，对暴力、色情等不良信息的态度和不良信息对自身、青少年的影响程度的认知。

四　媒介参与创作

媒介的参与和创作能力，是人们与媒介互动和创作激情的反映。如果说媒体的接触和使用是考察人们单方面接受媒体的能力，那么媒体参与和创作则是媒体互动的一种使用能力。

媒介参与即媒介互动，是媒体使用者在接触媒介信息后，通过大脑或意识的加工，主动传播并反馈给媒介的行为。如热线电话、短信互动、网上评论等行为都是典型的媒介互动参与行为。事实上，媒介参与一方面考察的是参与的行动能力，另一方面考察的则是人们参与的意愿，如：如果接触到某类信息，是否主动告知他人；是否愿意利用媒介表达意愿；表达意愿所选择的平台等。

媒介创作是媒体使用者对媒体内容进行技术处理、再次加工或创作的能力。创作的结果可以是媒介产品，也可以是对媒介内容改革的建议和意见。如网络上常见的博客或微博为人们提供了很好的创作平台，可以根据媒体的报道对某一事件发表文章或评论，也可以根据自己的创意将相关的事件以视频或者音频的形式串联在一起，表达自己的观点和意见，像网友对很多电视剧和电影的二次编辑和加工，即是媒介创作的最好体现。

第三节　媒介素养与媒介素养教育的联系

事实上，"媒介素养教育"（Media Education）又叫"媒介教育"或"传媒教育"，和"媒介素养"（Media Literacy）的概念界限是比较模糊的。在我国香港地区，通常称媒介素养教育为"传媒教育"，而在我国台湾地区则被称作"媒体识读教育""公民教育"等。而国外研究者们对媒介素养教育的界定也并不清晰，在英国、美国和加拿大，"媒介教育"和"媒介素养"都可以翻译为"Media Literacy"；而在欧洲德语系的国家里，则被称为"Media Education"，因为在这些国家"媒介素养"已被纳入课堂教育体系。

在英国伦敦大学教授大卫·帕金翰发表的《英国的媒介素养教育：超越保护主义》一文中，媒介素养教育被看作是更广泛的民主化运动的一部分，是英国媒介素养教育发展最具代表性的两大倾向之一。[1]

1989 年，联合国教科文组织（UNESCO）对媒介素养教育进行了定义：媒介教育是整个世界上每个国家所有居民的权利，人们用这种能力接触使用、分析评价大众传媒中的复杂信息。[2] 媒介素养旨在帮助公

---

① 宋小卫：《学会解读大众传播（下）国外媒介素养教育概述》，《当代传播》2000 年第 2 期，第 65 页。

② 荣建华：《中国媒介素养教育论》，中国社会科学出版社 2011 年版，第 35 页。

众尤其是青少年成为更加理性、更加谨慎的消费者，从而在有关个人健康、消费和价值判断上做出更加明智的选择；同时也帮助人们成为具有创造性的信息生产者和传播者，更有效且高质量地传递他们的所思、所想和优势。

在中国社会科学院新闻与传播研究所的专家卜卫女士给媒介素养的描述中，公民媒介素养教育包括四方面的内容：一是对媒介知识和如何使用媒介的理解；二是学习判别媒介信息的意义及价值；三是学习生产和传播信息的知识、技术和技巧；四是充分了解如何利用大众媒介发展自我，为个人发展提供新的机遇。总的来说，媒介素养教育的最终目的是，释放公民在媒介使用中的压力，使之不再成为信息的奴隶，而让媒介成为其自我发展的动力和手段。[①]

学者陈先元则认为："媒介素养这一概念可以分为两个层次，一是指对于传媒、传媒信息和传媒专业人员本质特征的一种基本认知和解读、评判、接受、利用传媒信息的实际能力；二是指对于这种基本认知和实际能力教育和培养的过程。二者结合在一起，可以称为媒介素养教育。"[②]

也就是说，媒介素养与媒介素养教育之间的关系密不可分。在现代信息社会，媒介素养教育是以培养人们面对信息的思辨能力和创造性参与能力而进行的教育，它以全体公民为主要教育对象，着重培养人们面对媒介信息的选择能力、理解能力、质疑能力、评估能力、创造和制作能力以及思辨性回应能力，从而让公众成为积极且主动的、具有独立思考和行为能力的社会参与者。

综上所述，"媒介素养"与"媒介素养教育"的关系可以表述为：媒介素养是媒介素养教育的直接结果和最终目标，而媒介素养教育是媒介素养的培养过程。媒介素养教育关注于媒介批判性使用、创新型创造技巧的培养，旨在培养一种更适应于媒介环境的媒介使用观

---

① 卜卫：《论媒介教育的意义、内容和方法》，《现代传播》1997 年第 1 期，第 30 页。
② 陈先元：《大众传媒素养论》，上海交通大学出版社 2005 年版，第 97 页。

念，是与大众传媒有关的教育过程。本书在与农村地区媒介素养的调查相关的章节中，主要使用"媒介素养"这一概念及其包含的四个主要层面，而在相关的反思和建议、对策中，侧重于探讨"媒介素养教育"的开展。

第四节　农村地区媒介素养的相关理论

事实上，媒介素养和媒介素养教育具有跨学科、多角度的特点，因而其研究涵盖的范围很广，涉及传播学、教育学、心理学以及社会学等诸多学科领域。因此，媒介素养研究拥有深厚的理论根基，研究学派也相当的多。笔者根据农民群体的特殊性将本书所依据的理论基础做了简单归纳。

一　使用与满足理论

使用与满足理论是大众传播效果论的重要内容之一，该理论将媒介使用者置入宏观的社会环境或社会规范，从微观的角度对其进行心理和行为层面的研究。其核心要点是将媒介的使用者看成了有着特定"需求"的个人，他们的媒介使用行为被看作是为了某些特定的需求和动机来"使用"媒介并从中获得"满足"的过程。

该理论在报纸和广播媒体兴起的20世纪40年代被提出，但当时的研究仅关注与"使用"和"满足"的基本类型，具有一定的局限性。直到电视媒体时代，传播学者们开始关注社会条件因素在媒体选择、使用等方面的作用，并认为成人媒介接触行为不仅受政治、经济、文化等因素的制约，还会受到社会地位、人际交往、价值观、群体归属等多重因素的影响。在此基础上，20世纪70年代，美国学者E.卡茨提出了"使用与满足"过程的基本模式，他将媒介接触使用行为看作是人们基于一定的媒介期待（由社会、心理等诸多因素影响形成）满足需求的因果连锁过程，之后日本学者竹内郁郎对这个模式进行了若干补充和完善。①

该理论最重要的意义在于，打破了"魔弹论""受众是信息被动接受者"的垄断地位，将人们看成是积极主动的信息使用者，关注媒介使用者的主动性，着力探讨人们使用大众媒介的不同需求及大众媒介如何满足这些需求。使用与满足论的主要含义包括：受众是主动的；受众对大众传播媒介的运用在很大程度上是有目的而非盲目的，他们出于某种社会或心理的需求而使用大众媒介或与之竞争的其他信息源；大众传播可以满足受众的许多需求。

也就是说，使用与满足理论主要研究人们使用媒体的动机和大众传媒的内容与功能。信息接受者不再被动，也不再是媒介信息的奴隶或牺牲品，他们的需要和期望应当得到充分的考虑。德国媒体教育学家、比勒菲尔德大学教授乌维·赞德曾这样评价使用与满足理论：当接受者变成积极主动的接受者，交流行为就变成了对称且平等的。一次成功的交流，不仅需要积极的信息传播者，还需要积极的信息接收者，也就是媒体的使用者和消费者。②

在使用与满足理论的框架下，媒体使用者的使用行为和消费行为由媒体的某种具体功能来决定，而这种功能势必满足使用者某种生理、心理或社会需求，对这些功能的选择也是由媒体使用者所在的生活环境所决定的。因此，使用与满足理论完全适用于本书对媒介素养中"媒介接触和使用"内涵的研究。

根据施拉姆于20世纪50年代所提出的信息或然率公式，选择的或然率＝报偿的保证/费力的程度。人们在对信息传播途径选择的过程中，往往倾向于选择更省力、快速且最大限度的获取所需的信息的方式。但受地理环境和经济条件等客观因素的影响，农村地区的居民要想跟城市

---

① 郭庆光：《传播学教程》，中国人民大学出版社2004年，第183页。

② Sander, U. and Vollbrecht, R., *Kinder und Jugendliche im Medienzeitalter*, Opladen：Leske + Budrich, 1987, S19.

地区的居民获得相同的使用满足感，其费力程度要更大，结果也未必能达到他们满意。因此，相较而言，影响农民群体媒体接触和使用行为的因素更为复杂。

随着信息技术的不断发展和经济水平的不断提升，农村地区的互联网和智能手机普及率大大提高，基础设施水平也有大幅提升。一部分农村地区的居民已经依靠自媒体成功实现了信息接受者到信息生产者的转变，甚至已经有人正在借助新媒体手段改善自身的经济条件。但仍有一部分农民空有借助于媒体改变自身处境的愿望，对新媒体望而生畏，农村地区媒介接触行为水平的差异已经显现。笔者较为关心的是，在自媒体时代，农民群体的媒介接触动机和行为除了受政治、经济、文化、人际交往、价值观等基本因素外，是否还受其他个人或群体主观因素的影响。因此在问卷设定的过程中，笔者总结出了基本的媒体选择动机类型，以考察农民特定生活环境下对媒体类型的选择、接触、使用频率，试图总结其选择和使用背后的客观和主观原因的重要作用。

二　布尔迪厄资本类型理论

社会学家皮埃尔·布尔迪厄（Pierre Bourdieu）的"惯习理论"认为，"惯习（habitus）是人类大脑中长期存在的一种体系，是人类思维、行动和认知的共合体"[①]。"惯习"一词类似于日常生活中的"习惯"，是人在社会化过程中与社会空间和个体建立关系，并通过自身的学习掌握拥有，成为生活的一部分。"惯习"使人们能够在不同的情景中，有不同的反应。换句话说，人们在不同的情景中做出了不同的反应，进而采取不同的行动，但是绝不会超出惯习这个系统。

生活方式的不同、个人喜好的差异使得人们获得的社会资源有所不同，进而形成了特定群体或阶级的惯习。换句话说，生活习惯、品位爱好和消费方式相同的人会形成一定的阶级，而惯习则成为区分阶级的一

---

① Bourdieu，*Entwurf either Theorie der Praxis auf der ethnologischen Grundlage der kabylischen Gesellschaft*，Frankfurt：Suhrkamp，1979，p. 164.

个重要标志。但是，布尔迪厄认为，习癖并不是与生俱来或者随随便便就可以获得的，人们所拥有资本的数量将很大程度上影响习癖的形成。而这里的"资本"，是马克思对"资本"概念的扩展，它不仅包括了经济资本，还包括了文化资本和社会资本。其中，"经济资本"的形式可以符号化为金钱，"社会资本"的形式是社会声誉和头衔，而"文化资本"则是指学历、作品等等。其中，这三种资本和媒介素养都有着密切的联系，这在德国比勒菲尔德大学的实证性研究中，已经得到了证实。事实上，在我国，很多领域都可以用布尔迪厄的惯习和资本类型理论来解释，经济水平、文化程度和社会关系的多少，甚至决定着人们在日常生活的社会地位。

而按照布尔迪厄的说法，不同类型的资本在社会上单一个体的分配并不是偶然的。一般情况下，经济资本占有量较高的人，其社会资本和文化资本的占有量往往也会较高。同时，不同类型的资本之间还可以进行相互转化。举例来说，人们利用学费、社交经费等经济资本来获得自己所需的文化资本和社会资本，一旦取得了学历和一定的社会关系，在工作中假以时日，这两种资本又可以转化为工资或者业绩等经济资本。再比如，如果一个人拥有丰富的社会资源即社会资本，就可以利用丰富的人脉和社会关系便利地获得各种社会资源和权利，进而转化成经济资本或文化资本。只是，不同类型的资本之间进行转化的条件、过程和复杂度有很大的不同。

从资本类型理论的视角看，农村地区经济条件和受教育条件远不如城市，因此其在经济资本和文化资本上先天不具有优势，其与城市地区的差距显而易见。但正是因为经济资本和文化资本上的不足，直接导致其社会资本拥有上的劣势和各类型资本之间转换的不便。十年来，随着农村地区经济水平的不断提高，农民经济资本和文化资本的占有量与城市地区逐渐拉近。但是不少学者的研究表明，农村地区的社会资本存量不容乐观。在市场经济的冲击下，农村的贫富差距正在进一步扩大，人们之间的交流、互动、互助正在逐渐减少，人际关系较为单薄，农村地区的社会资本正在不断流失，这对于处于弱势地位的农民群体较为不利。

根据布尔迪厄的理论，在研究农村地区媒介素养的过程中，需要探讨的问题也就十分明显：经济资本、文化资本、社会资本的占有量是否会影响农村地区媒介素养水平的差异和知沟的变化？如果影响，哪些资本在他们的媒介素养培养过程中起到决定作用？与此同时，本书的调查跨度为十年，十年间农村地区的经济水平和教育水平有了较大的提升，再加上媒介参与全民化浪潮的推动，是否经济资本和文化资本对农村地区媒介素养水平的影响发生了变化？哪些资本对自媒体时代的媒介素养教育更有帮助？这些问题的提出和解答具有较强的现实意义，对未来有针对性地进行农村地区的媒介素养教育有一定的启发。

三　知沟理论

作为传播学宏观效果论之一，知沟的存在和扩大主要侧重于研究媒体发展带来的潜在的、消极的长期社会效果。该理论由美国传播学家蒂奇诺提出，他认为："当大众媒体的信息流在一个社会体系中增长时，一些具有较高社会经济地位的社会群体比那些社会地位较低的社会群体更迅速地掌握这些信息，结果，各种社会群体之间的知沟趋向于不断增大——而不是减少。"[①]

这就意味着，信息占有量较大的社会群体可以有效利用媒体获得更多的信息、知识和技能，而那些在信息占有方面处于劣势的群体在同等的信息接触条件下获得的信息量就更少。随后，越来越深入的知沟研究表明，不仅社会经济地位，人们的受教育程度、社交活动等因素也会导致知沟的产生，并在一定程度上导致知沟的大小和发展趋势的变化。

21 世纪以来，随着网络媒体的不断普及，知沟扩大理论获得了社会各界的广泛关注。有传播学者将知沟具体化为三类：接受信息所导致

---

① Tichenor, Ph. J. and G. a. Olien, *Mass Media and the Differential Growth in Knowledge*, C. N.: PQQ, 1970, p. 159 – 170.

的知沟、信息供应导致的知沟和媒体使用所导致的知沟。这三种类型的知沟在新媒体的语境下被强化，尤其在城乡和地域差异中得到了印证。与此同时，网络技术引入后，"知沟"扩大还是缩小的讨论一直在持续。自媒体和社交媒体崛起后，这一讨论逐渐白热化。

　　知沟理论认为，社会经济地位较高的人可以更快速、高效地获得信息。与资本类型理论相结合，一般社会经济地位较高的人拥有更多的经济资本、文化资本甚至是社会资本，因而在媒介信息接触方面有很大的优势，这在新媒体时代依旧是适用的。[①]

　　随着中国社会阶层的不断分化，那些经济地位高、接收过良好教育、掌握一定社会权力的强势群体在媒介接触和使用方面，拥有社会底层人无法比拟的优势，会更快更轻松的获取知识与信息。比如一些农民工，由于经济条件的限制，无法拥有智能手机，自媒体使用行为与其他群体有很大的差距。再加上受教育程度较低，信息使用以实用性为主，对新事物和新的媒介样式持排斥和回避的态度，这都会在一定程度上加速知沟的扩大。

　　值得欣慰的是，自媒体和社交媒体的崛起，降低了媒介信息接触的技术和地域门槛，公众拥有了更多的信息接触、信息生产和传播的机会与平台。在高度冗余的媒介信息面前，公众可以有机会接触超出自己能力范围的信息，也可以选择性回避超出自己能力范围或不感兴趣的信息，因而从这个角度上讲，不同社会阶层和社会群体之间的知识沟可能在新媒体时代逐渐缩小。但与此同时，"信息茧房"和"回声壁效应"也表明，社交媒体兴起导致的群体激化倾向可能会加剧公众在认知上的差距。不同社会阶层的人群在社交媒体使用目的上存在差异，也印证了这一倾向。社会地位较高的强势群体在社交媒体的使用中，往往更加重视媒体的信息性、工具性属性，而社会地位较低的弱势群体则更倾向于选择媒体的娱乐化属性。因此，从这个角度上来看，媒体使用动机和目

的差异已经成为新媒体时代知沟进一步扩大的重要影响因素。

除此之外，新媒体时代的地域"知沟"依旧存在。受经济条件的影响，中国媒体发展本身就存在地域的差异。东南沿海经济发达、交通便利，吸引了诸多的媒介人才，许多高质量的媒体都在东南沿海扎根并形成了良好的传播环境，为该地区的居民带来了优质的传播渠道，使他们能够更快更好地获取知识和媒介信息。但在西北及偏远地区，媒体的发展环境较为恶劣，信息传播渠道较少，传媒业的落后使该地区的居民与东南沿海地区居民之间的知沟逐渐显现。因此，在网络媒体时代，东西部地区居民的"知沟"问题成了国内学者们广泛讨论的话题。

随着东西部差异的不断减小，城乡之间的"地域知沟"问题开始引起了关注。新的信息技术的普及，往往是从城市开始，逐步扩散到城市。农村地区受地理条件、经济发展、基础设施等因素的制约，没有信息接触的设施和设备条件，很多贫困山区网络接入较难。近些年，随着惠民政策和网络扶贫效果的显现，城乡的数字鸿沟有了显著的缩小。据第47次中国互联网报告显示，截至2020年年底，中国城乡地区的互联网普及率差异为23.9%，较之前缩小了6.4个百分点。尽管如此，在中国4.16亿的非网民中，农村地区占比为62.7%，非网民仍以农村地区人群为主，而技能缺乏、文化程度偏低、年龄成为限制他们接触网络的主要因素。

与此同时，随着"90后"和"00后"的长大，不同年龄层之间的"代际知沟"也逐渐凸显。由于生活时代和成长环境的差异，不同年龄层次之间的人们在生活习惯、行为和思维模式甚至是价值观方面都有很大的差异，必然会导致其媒介接触及使用方面的差异。在新媒体时代的信息洪流中，年轻一代思想开放，不受传统观念的束缚，对新技术、新事物的接受和理解速度往往更快。而年龄较大的人往往不愿尝试新事物，再加上对媒介技术适应能力弱，在媒介信息获取、媒介信息的批判接受方面明显不如年轻一代。

总结来看，在新媒体时代，经济条件、受教育程度、地域、年龄、社会圈层、接触使用媒介的机会和能力的差异都可能造成不同社会群体甚至是人与人之间"知沟"的扩大。农民和农民工群体作为弱势群体，在新媒体时代与其他群体之间的差别显露的愈加明显，且"知沟"有越来越大的趋势。

而本书的目的在于，借助"知沟"理论和"知沟"扩大理论，对比农民媒介素养现状在十年前后的变化，并通过其与其他群体之间的差异，区分所存在的知沟的具体类型，以期通过媒介素养教育达到缩小"知沟"的目的。

第二章 国内外媒介素养与媒介素养教育的发展

以传播学和教育学为基础，媒介素养在 20 世纪 30 年代的英国起源，并于 20 世纪末在加拿大、澳大利亚、美国等欧美国家发展壮大。在西方，"媒介素养"的提出与国外学者对媒介素养教育的关注有很大的关系。尽管对媒介素养的研究经历了诸多范式的变革，但它们对媒介素养教育的重视始终如一。随着历史的变迁和媒体教育学的不断发展，西方的媒介素养教育研究已经形成了完整的理论体系，其中较著名的为英美等国为代表的"媒介素养"理论和以德国为代表的"媒体素质"理论。在实践方面，媒介素养教育甚至已被列为西方中、小学的正规教育内容。而中国的媒介素养教育实践也有了实质性的进展，为媒介素养教育的全球化推广做出了不小的贡献。

第一节 媒介素养教育范式的演变

从 20 世纪 30 年代起，随着媒介环境和时代的变迁，媒介素养教育经历了从"免疫范式"到"参与范式"的转变。作为西方学者对人类文明进程反思的产物，媒介素养教育范式的演变不仅在一定程度上反映了媒介环境视角下社会需要的变迁，也展示了媒介素养教育内容和方法上的历时性变化。

一 "免疫范式"

事实上，最初学者们对媒介素养及媒介素养教育的关注来自对大众传媒及传媒文化的敌视。早在1929年，伦敦教育委员会就出版了《教师建议手册》，督促并指导教师对学生们进行评价和抵制低俗电影的培训，这也被称为英国最早的媒介素养教育活动。1933年，英国学者李维斯和汤普森发表了《文化和环境：批判意识的培养》一书，第一次详细总结和论述了英国学校的媒介素养教育问题，并针对媒介素养教育的实施提出了一整套完整的建议。事实上，他们将大众文化视为"带菌者"，认为大众媒介传播的信息是对社会和高尚文化的巨大破坏和侵蚀，主张通过大众文化教育鼓励学生去"甄辨和抵制"，以保护传统的精英文化。[1]

因此，20世纪50年代之前，欧洲的众多学者大都以一种抵触的态度来对待大众传媒，他们的研究多侧重于大众传媒的负面效果，警示大众要以批判的态度去接触和使用媒介。这与该时期法兰克福学派对大众文化研究的立场一致，公众被看作对媒介传播信息没有辨别力和抗拒力的人，一旦被信息击中，将应声倒地。1938年，由威尔斯科幻小说《星球大战》改编而成的广播剧在哥伦比亚广播公司播出后，引起了较大范围的民众恐慌，为这一范式的研究提供了有力的证据。但事实上，这种将媒介素养教育视为对大众文化"免疫"的理念，带有对大众传媒先入为主的"偏见"。

二 "分析范式"

20世纪50年代以后，英国文化研究学派的研究是媒介素养教育的重要转折点。文化研究学派在批判继承法兰克福学派研究成果的基础上，重新审视大众文化。1961年，雷蒙德·威廉斯在其著作《文化与

---

① 大卫·帕金翰：《英国的媒介素养教育：超越保护主义》，宋小卫译，《新闻与传播研究》2000年第2期，第73页。

社会》中指出，文化应该是多元化的，它不应该是贵族的特权。可以有高雅的贵族文化，也可以有生活化的平民大众文化。[①] 1964 年，斯图尔特·霍尔和帕迪·沃纳尔在《大众艺术》一书中，提出了许多有关媒介素养教育的建议和对策。[②] 与此同时，由于电视被广泛地运用到各种教学活动中，许多教师和专家学者对媒介的态度渐渐有了转变，对大众媒介的负面效果的消极批判转化为对正面效果的积极关注。因此，一批受到大众文化影响的年轻教师试图将文化研究方法渗透进教学过程中，开始根据学生的体验进行自发性的媒介教育实践。

该阶段的媒介素养教育范式，不再认为所有的媒介内容都是有害的，也不再强调精英文化和通俗文化的区分，而是着眼于通过教育提升学生对媒介内容的选择和判断力，引导受众进行明智的选择。1962 年，联合国教科文组织明确了教师在媒介素养教育中的重要作用，认为教师应当也有义务指导自己的学生建设性、理性地使用电视等大众媒介。在联合国教科文组织的积极推动下，以英国为首的欧洲国家纷纷官方提出，电视是重要的艺术形式，建议国内各级学校利用自身资源培养儿童的批判性思考能力，以分辨媒体内容的优劣。[③]

三　"批判范式"

20 世纪 70 年代，英国学术界开始关注人们对媒介文本的批判性解读。霍尔的"编码—译码理论"指出，大众文化的解码和接收是一个非常复杂的过程。这个过程不仅包含意识形态对大众传媒传播内容编码的介入和作用，还包括公众在对传播内容进行解码过程中的主观性抵抗和解构。莱恩·马斯特曼在其著作《电视教育和媒介教育》中，将媒介使用者的对抗性解读上升到了政治学的层面。在他看来，公众不仅拥有对信息解构或解读的主动权，还可以根据个体理解从媒介传播内容中

① 邵瑞：《中国媒介教育》，中国传媒大学出版社 2006 年版，第 6 页。
② 荣建华：《中国媒介素养教育论》，中国社会科学出版社 2011 年版，第 76 页。
③ 邵瑞：《中国媒介教育》，中国传媒大学出版社 2006 年版，第 15 页。

解构出自身认同的意义，以此来实现对主导意识形态符号的反抗。他认为，符号学可以提供冷静客观和严密精确的分析方法，学生应该撇开自己的主观好恶，通过系统化的分析来发现、找出媒体文本背后所隐含的意识形态企图，将自己从大众文化的影响中解放出来。[①]

该范式旨在结构隐藏在媒介信息背后的机制，强调大众媒介传播的内容并不全是客观事实，而是通过符号解构出来的"真实"。因此，"屏幕理论"在英国被率先提出，并试图将该理论应用于学校的课堂教学中，培养学生对电影电视信息符号的分析和批判解读能力。到了20世纪70年代末，英国的媒介素养教育开始获得教育系统的官方认可，英国的中学已经开始开设电影研究和媒介研究等媒介教育类课程，并在初中文凭考试和初中毕业升学考试中增加媒介研究考试的相关科目。

四 "参与范式"

进入20世纪末期，随着计算机技术的广泛应用，人类生活的社会环境正发生了日新月异的变化。互联网作为一种新的媒介样式，参与并加速形成了新的大众文化类型，即以"赋权"为特征的参与式文化。互联网技术打破了人们社会等级、性别、年龄、种族、文化的差异，为不同文化的传播和交流提供了新的机会和场所。

该范式主张通过"赋权"来促成社会行动和行为构建，进而形成健康社区的形成，认为媒介素养的目标是帮助公众成为更成熟、负责任的公民。学者霍布斯将媒介素养定义为"使用批判性媒介信息和运用媒介工具创造信息的过程"，并认为媒介素养的目的在于通过分析、判别、传播和自我表达技巧的发展来提升自主权。[②]

英国著名媒介素养研究学者大卫·帕金翰也曾提出超越"保护主义"的媒介素养观点。他认为，媒介素养教育的目的不应该仅停留在

---

① 大卫·帕金翰：《英国的媒介素养教育：超越保护主义》，宋小卫译，《新闻与传播研究》2000年第2期，第14页。

② Hobbs, R., The Seven Great Deloates in Media Literacy Movement *Joual of Communication*, 1998, P16 – 31.

保护层面，仅仅保护青少年不受不良媒介文化的影响是远远不够的，而应该通过教育过程培养他们的理解能力和参与能力。①

从最初对大众媒介内容的一味抵制到趋于理性、建设性的思考，西方媒介素养教育的范式的每一次转向都是对已有范式的不断完善和发展，目的是为了使媒介素养教育更加适应社会环境和社会主体需求的不断变化。

第二节　国外媒介素养教育发展及现状

一　英国媒介素养教育实践

英国作为公认的媒介素养和媒介素养教育的发源地，在媒介素养教育方面有着宝贵的经验。1933 年英国学者李维斯和汤普森出版的《文化与环境：批判意识的培养》一书被视为是媒介素养和媒介素养教育的开端，首次将媒介素养教育引入学校教育。②

20 世纪 70 至 80 年代，英国的媒介教育有了迅速的发展，80 年代后媒介素质教育的地位更是有了很大的提升，并在教育系统的多个层面得以开展。1978 年，媒介研究专家 Sirkka Minkkinen 受联合国教科文组织的委托，设计了一项国际性的媒介素养教育方案。Minkkinen 在该方案中指出，在资本主义社会，不能因为大众传媒的积极影响而忽略了其消极影响的巨大作用，大众传媒甚至有可能发展成为他人操控舆论的工具。现在看来，Minkkinen 的担忧是很有必要的。1983 年，为了进一步防范大众传媒的负面效果，英国教育及科学部认为，仅仅在学校开设媒介素养教育课程是远远不够的，老师还应该和学生一起讨论电视节目。就这样，欧洲及北美各个国家对媒介素养及媒介素养教育的态度由原来

---

① 宋小卫：《西方学者论媒介素养教育》，《国际新闻界》2000 年第 4 期，第 57 页。

② 大卫·帕金翰：《英国的媒介素养教育：超越保护主义》，宋小卫译，《新闻与传播研究》2000 年第 2 期，第 73 页。

的排斥抵御，发展成为了评鉴、区分再到欣赏并研究，教师的角色也由原来的仲裁者、监督者转为了学生学习媒介的引导者和伙伴。①

这时，比较著名的研究流派有：以大卫·帕金瀚为代表和核心的一批学者致力于发展媒介素养教育理论；以凯利·巴塞尔格特为核心人物的英国电影协会则把中心都放在了研制课程、开发教学模式、标准和方式上，推动媒介素养及媒介素养教育朝更深层次发展。②

1986 年，英国教育及科学部与英国电影学院联合成立了全国初级媒介素养教育工作小组委员会（National Working Party for Primary Media Education）。该委员会在 1988 年和 1990 的两份文件中，分别将"媒介素养教育"作为 5 至 11 岁、11 岁至 16 岁学生英语课程设置的重要组成部分。因此，到 1997 年，英国接近三分之二的学校都实施了进阶式媒介研究课程，课程涵盖解构影像、跨媒介分析等多项内容。与此同时，超过三分之一的中学生参加了媒介研究学科的"中等教育证书考试"。截至 2000 年，英国的大部分学校都开展了媒介教育课程，根据规定所有中学毕业生都必须参加"中等教育证书考试"。与中等媒介素养教育（Media Education）不同的是，高等媒介素养教育在英国则被称为"媒介研究"（Media Studies）。现在，英国的许多大学，如伦敦大学和南安普敦大学等都开设有与媒介素养教育相关的教师培训专项，专门对从事媒介素养教学和研究的教师进行针对性的培训，有计划地提高媒介素养教学一线教师的媒介素养水平。

英国的媒介素养教育强调公众对媒介整体的理解，不仅要让学生了解媒介运行的机制，还要求通过学习具备选择和组织信息的能力并为自己所用，同时还要具有评估信息的准确性、正确性及片面性的批判思维能力。英国政府始终认为，将媒介素养教育和学生的基础教育有效结合起来，将对学生成年后的"公民性"产生积极的影响。因此，英国教育部门在学校配套了系统性较强的媒介素养课程，并期望通过考试强化

---

① 邵瑞：《中国媒介教育》，中国传媒大学出版社 2006 年版，第 15—17 页。

② 白传之、闫欢：《媒介教育论起源、理论与应用》，中国传媒大学出版社 2008 年版，第 64 页。

课程效果。在英国，媒介素养教育的目标是让英国的学生在初中阶段理解并识别电视媒介的说服意图，在高中阶段学会管理自己的媒介接触行为，那么等他们进入社会就可以更加积极且理性地参与社会生活。

二　加拿大媒介素养教育实践

如果说，英国是媒介素养及媒介素养教育的发源地，那么北美洲则是媒介素养的扩散地。加拿大是全球为数不多重视媒介素养教育且已大力推广的国家。

20 世纪 60 年代末，在美国电视文化输出的大环境下，加拿大的一些教育者通过观察发现，伴随着电视媒介长大的儿童在行为、价值取向等方面与以往的儿童有很多的不同。这些发现使儿童行为与媒介使用发生了联系，教育者们逐渐关注到影视语言对学生行为的重要性，并通过选修课实施早期的媒介素养教育。早在 1969 年，加拿大屏幕教育协会（CASC）就发起了"荧屏教育"，邀请加拿大媒介教育一线的教师们在多伦多的约克大学展开研讨和交流，这次研讨带来了加拿大媒介素养教育的第一次浪潮，但由于经费及基础教育的回归，这一浪潮在之后的几年逐渐消退。在整个 70 年代加拿大的大众传媒业蓬勃发展，色情暴力、政治操纵等负面信息开始逐渐显现，但由于当时加拿大教育改革方向不定，媒介素养教育一直处于徘徊状态。

直到 1987 年，加拿大安大略省的教育部将过去的影视教育选修课列为了学校英语语言必修课内的一个独立的部分，通过课程教会该省的学生如何同媒体打交道的知识和技巧，安大略省成为加拿大第一个将媒介素养教育引入课程的省份。之后，在媒介素养教育协会（The Association for Media Literacy）的努力下，到 20 世纪 90 年代，加拿大开展媒介素养教育项目的大中院校已达 50 多家。这些项目既包括独立的短期课程，也包括系统的 4 年学位课程，项目总数已超过了 90 个。

为了积极推动各省份媒介素养教育的交流，1991 年，在温哥华从事媒介教育的教师联合成立了加拿大媒介教育协会（CAME）致力于媒介教育的师资培训和媒介教育课程的建设。1993 年，加拿大西部多个省和地区的教育部门联合签署了名为"西部基础教育协作议定书"的协议，详细制定了从学前教育到 12 年级的共同教育课程框架，并于 1997 年修订完成。

随着计算机技术发展和国际信息网络时代的新需求，加拿大安大略省尝试媒介教育改革，修订并重新构建新的媒介素养课程框架，并于 1998 年在全省的中小学配套实施。新的课程体系将媒介有关的内容融合在 1—8 年级的语言课程中，而在之后的中学（9—12 年级）教学中媒介教育被进一步强化，与媒介有关的教学内容占整个语言课程的 25%。学生只有在通过系统的学习之后，才可以获得相关课程的学分。

作为加拿大媒介素养教育的发源地，安大略省的媒介素养教育具有典型的代表意义。其媒介素养课程采用阶梯分级的方式，包含了从幼儿园到中小学的三个阶段，即 K—8 年级、9—10 年级和 11—12 年级。这三个阶段的媒介素养教育同样不是独立的，而是将媒介有关的内容融入语言课程进行。尽管看似各个阶段都有明确且清晰的教育目标，但课程之间存在潜在的衔接，目的是为了潜移默化地培养学生的媒介素养。而在 K—8 年级中，媒介素养目标又划分为三个阶段：K—3 年级语言文本存在于听说读写中；4—6 年级媒介文本存在于电影电视、平面设计和出版物、视频游戏、传单海报和网络，它们可以对人产生吸引力；7—8 年级能够批判性地分析和评价媒介对生活产生的影响。而在 8 年级以后，学生需要掌握的能力更加立体：要在分析文本、构建文本的过程中，理解媒体文本的构建过程和产生原因，并且能够区分观点和事实、学会核查信源，等等。

目前，在安大略省和魁北克省的带动下，加拿大的不少省份都已经引入了新的教学课程计划，并将媒介素养教育的内容融入健康、环境意识、个人与视野筹划等课程具体的教学环节中。加拿大尽管幅员辽阔，但通过教育部门的支持和地区间的协作，逐渐形成了阶梯式的媒介素养教育模式，并真正落实到了具体的课程教学中，其在媒介教育操作层面的探索和积累的经验为不少国家提供了宝贵的经验。①

三　澳大利亚媒介素养教育实践

20 世纪 60 年代开始，澳大利亚的学者就已经和英国学者一起倡议人们关注"媒介素养教育"的重要性。他们认为，在海量的媒介信息面前，培养儿童批判和思辨性的分析与思考能力是非常必要的。1973年，西澳大利亚州进行了一项针对中学生的媒介研究计划，参与该计划的六成以上的学校都为 8—12 年级的学生开展了媒介素养教育课程。此计划在 5 年后被拓展成"媒介启蒙"课程，主要进行媒介常识、荧屏教育等媒介素养教学。到了 1985 年，随着媒介教育的进一步认同，该州大多数的小学都在尝试进行媒介素养教育活动。

20 世纪 90 年代初，媒介素养教育已经成为澳大利亚公共学校教育体系的一部分。在各方人士的努力下，成立了全国性的媒体协会——"澳大利亚教师媒体协会"（ATOM），各州的组织成员每隔数月轮流主持一次全国性的会议，会议主题均与媒介素养教育有关。该协会不仅积极组织针对教师的培训项目，还负责开发编写课程教材，并积极与各州的政府官员沟通以获得充足的经济、技术等必要的支持。

1989 年，联合国通过了儿童权益条例，制定并出台了《少儿电视宪章》。该宪章提出了 7 条与媒介内容相关的原则，以更好地保护儿童在接触媒介时的权益。原则要求与儿童有关的电视节目不仅要保证节目质量，还应淡化商业意识，摒弃暴力和色情内容，进一步突出环保意识，为儿童营造更加有利于学习语言和文化的环境，鼓励儿童的自信心。之后，澳大利亚广播委员会按照《少儿电视宪章》的相关要求，制定了适应本国国情的《儿童电视准则》，并以此作为儿童节目的指导标准。

1995 年，澳大利亚开始出现在全国具有影响力的统一教材，由澳

---

①　张玲、秦学智、张洁：《媒介素养教育课程论》，中国广播电视出版社 2013 年版，第123 页。

大利亚教材公司出版并发行，名为《视听教育课本第二版》。这套教材以视听行为教育为主线，关注视听行为对学生发展的价值和影响，并给出了有关视觉语言教学有关的实用性方案和建议。该教材被认为是澳大利亚媒介素养的统一教材，各州的学校都用来指导教师对学生视听语言能力的教学。

1996 年，南澳州和维多利亚州在修订学校课程指南时，刻意强调了媒介素养课程的重要性。甚至为了支持教学一线的教师从事媒介素养教学，专门增设了媒介素养教育学位。为了鼓励各州教师的媒介素养教学，政府部门还专门设立教育基金用于教师的媒介素养特长培训。在学校和政府部门的鼓励机制下，各地的教师及其团体可以更加深入地进行媒介素养教学有关的探索和研究，这都为该国媒介素养教育课程的普及提供了有力的支持。

澳大利亚的媒介素养教育目标与加拿相似。根据各阶段学生媒体思维的不同，在低年级（学前至 4 年级），注重培养学生媒体视觉思维能力；中年级（5 至 8 年级）培养学生的文字抽象思维能力，要求学生对复杂的媒体文本内容和建构形式有自己的理解；到了高年级（9 至 10 年级）关注学生的媒体批判思维培养，培养他们在媒体文本解构过程中的分析、质疑及批判能力。

进入新世纪，随着全球化进程的加快，澳大利亚作为移民国家，其国民的意识形态和价值观正在遭受较大的冲击，不同文化族群之间的冲突开始出现。2005 年，澳大利亚教育委员会将媒介素养的教学内容、方式和评估准则进行了较大的调整，将中小学生应具备的新媒介素养定义为：欣赏并包容来自不同文化语境下的动态影像；能在遵循社会道德标准的前提下使用并制作动态影像媒介。媒介素养教育的内容在澳大利亚进行了扩展，加入了跨文化交际等蕴含着文化价值等认知要素的新内容。[1]

---

[1] 李先锋、董小玉：《澳大利亚的媒介教育及启示》，《教育学报》2012 年第 3 期，第 39—40 页。

四　美国媒介素养教育实践

作为全世界媒介内容输出大国，美国的媒介素养教育起步较晚。20世纪60年代，当电视文化对美国社会进行全面渗透时，教育学者和家长们开始关注媒介对青少年的影响，媒介素养教育运动才开始兴起。虽然美国的媒介素养教育起步晚于英国、加拿大和澳大利亚，但是该国的中小学阶段的媒介素养教育方面的尝试却非常出彩并已经取得了令人关注的成果。

在美国的中小学，媒介素养课程已经被整合进课程教育，形成了独有的教学模式。1999年，美国的48个州（共50个州）都已颁布并实施与媒介素养有关的课程指导准则。2001年，"观念和制造媒介"也被美国中部地区教育实验室列为新世纪学生必备的基础技能。进入21世纪，美国媒介素养教育协会（NAMLE）提出了媒介素养的六大核心原则：对接收到的或生产、创作出的信息进行批判性的思考和探索；将素养的内涵和概念从读写能力扩展到所有形式的媒介或信息；为各个年龄段的学习者提供与媒介技术和技巧相关的帮助；为社会培养更加独立、负责、有反思精神的公民；媒介既是社会化的载体，又是大众文化的一部分；人们通过个人的经验、技巧和喜好来解读媒介信息，并构建出新的意义。

媒介素养教育学者罗伯特·库比和弗兰克·贝克从1999年起就开始对美国公立教育的K—12（从幼儿园高年级到高中毕业的12个年级）开展媒介素养教育课程的调查。统计显示，美国的媒介素养教育课程大多与语言类、传播艺术类、健康教育类、表演艺术类或社会性质的研究课程融合，而在英语等语言类课程标准中，也都有媒介素养教育相关内容的融入。而据南加州大学的一项统计显示，在各州的教学内容中，媒介素养除了出现在语言和传播学相关的课程中之外，还主要出现在健康与消费者研究（98%）、社会、历史与公民研究（78%）等课程中。[①]

---

① 李晓培：《美国中小学生的媒介素养教育》，《新闻爱好者》2013年第6期，第25页。

除了学生，美国国内的媒介素养组织举不胜举，以教师为培训主体的媒介素养教育形式也不仅限于培训一种，在阿帕拉契亚大学甚至有专门的媒介素养教育硕士学位。1989 年，伊丽莎白·托曼创立了知名的美国媒介素养中心，该组织在过去的数十年坚持为全美国的教师提供专业的媒介素养教育培训，力求将媒介素养理论的成果转化为使教师、记者和学生受益的教育咨询工具。

　　1997 年，媒介素养中心与电视先驱诺曼·费尔顿合作开展短期培训课程，在美国具有很大的影响力，被视为具有榜样地位的事件。之后，在宾夕法尼亚州，一部分大学开始探索以教师为培训主体的媒介素养教育项目，鼓励教师们参与与电影或视觉技术有关的工作坊，并为他们提供支持和帮助。2002 年，宾夕法尼亚州明确规定，在教学一线从事媒介素养教育的教师不仅必须获得通过认证院校的本科毕业证书，还必须通过为期两个小时的传播实践考试。

　　在北美，加拿大和美国的教育界已经普遍认同以下观点：媒介素养是儿童和青少年在 21 世纪必须具备的能力和素质，要想提高文化素养，不仅要提高面对不同形态信息的阅读和理解能力，还要具有健康的批判性、思辨性思维技巧。但与媒介素养教育开展较为成功的加拿大相比，美国的 50 个州有各自独立的教育主管机构，难以形成统一的媒介素养教育课程标准。

　　如今，不仅在英国、加拿大和美国，法国、德国、挪威、瑞典、澳大利亚、意大利、新西兰、丹麦、芬兰、日本等国都在不同程度和不同范围内进行着媒介素养教育实践，甚至有不少国家将媒介素养课程作为官方基础教育的一部分。可以说，媒介素养和媒介素养教育研究已经融入了西方发达国家的教育体系，并在各自实践中发展壮大起来。

　　通过以上国家媒介素养教育实践的总结，西方国家的媒介素养教育大多与英语语言教育进行了融合。在基础语言教育中加入媒介素养教育的内容，或者在课程大纲设计时增加媒介素养类课程都是较为典型的媒介素养教育模式。这些模式不仅对于西方其他国家的媒介素养教育实践有着指导意义，对发展中国家的媒介素养教育实践也有着启示意义。但这些教育模式大多针对儿童和青少年，注重中长期媒介素养教育目标的实现，针对成人的媒介素养教育研究和实践均较少。

第三节 国内媒介素养教育发展及现状

媒介素养和媒介素养教育作为舶来品，在中国被广泛关注开始于20世纪90年代。但据史料记载，中国最早的媒介素养教育的萌芽出现在20世纪20至30年代。在近一个世纪的发展进程中，中国的媒介素养教育理论和实践在日新月异的媒介技术和媒介环境下，经历了从探索到深入、从理论到实践的过程。从萌芽期的"国民新闻教育"，到学者卜卫将媒介素养概念引入大陆，再到目前媒介素养教育理论和实践的全面深入，中国的学者和教育者们，正在以自身的力量探索适合中国的媒介素养教育之路。

一 思想萌芽阶段

在中国，最早与媒介素养教育相关的思想萌芽是"国民新闻教育"。在20世纪20至30年代，不少的新闻学者和教育家都认为，新闻教育不应该为记者所独有，而应该面向全体国民。

中国的新闻教育家邵飘萍在其1924年出版的著作《新闻学总论》中指出，新闻教育作为一种"处世穷理之学"，应该被更多人所了解，并希望新闻学能作为中学以上教育的普遍课程在各个大学开设。新闻史学家戈公振也指出，新闻学是"无条件的一种国民修养"，应该让每一个国民对报纸有自己的理解，并呈现正当的态度，"才可成为舆论一分子"。[1] 1930年，复旦大学第一位新闻系主任谢六逸也认为，新闻教育除了培养专业的新闻人才外，还要为普通学校培养新闻教育人才。[2] 这被认为是最早关注新闻学教育普及的资料，新闻学被认为是全体国民应

---

① 黄天鹏：《怎样做一个新闻记者》，上海联合书店1931年版。

② 徐培汀：《谢元逸与新闻教育》，《新闻与写作》2007年第10期，第45页。

具备的修养。

在之后的20世纪30年代，中国的新闻工作者和教育工作者分别从不同的视角提出了在中小学阶段让学生"对新闻纸有一个正当认识"的建议，认为新闻学课程应该成为学校教育的一部分。1931年，复旦大学新闻学教授黄天鹏教授曾提出，"在东方，新闻记者的教育已为一般人所承认，在中等教育也已有加进新闻学一门为必修课程的动议，应最低给予中学生'新闻纸是什么'的观念"①。他主张从学生的写作能力、观察力、新闻知识普及三个方面培养学生的这种理念，使学生"不致为有作用的新闻纸所同化"，引导学生对新闻纸有正当的认识，并能尽读者的监督责任，"监督新闻社向上"。

与此同时，针对如何普及全民的新闻教育，不少的新闻学者和教育工作者都提出了自己的看法。除黄天鹏教授认为新闻学知识教育可以与作文课程融合外，中学教师潘觉的新闻教育方法与当前媒介素养教育普及的途径最为相似。潘觉认为，不仅可以在师范学校、普通中学和职业学校、补习学校中增添新闻学科，让教师、学生和商人获得新闻学知识；还可以"利用无线电播音灌输新闻学知识"，甚至通过"民众教育馆设法指导民众读报"。② 这些方法都可以让民众对报纸的运行机制、报纸的界限、如何读报等新闻知识有更深刻的理解。

遗憾的是，尽管中国提出"国民新闻教育"（或普及新闻学教育）主张的时间与西方国家提出媒介素养教育的时间大致一致，所关注的内容也差不多，但这些都只能说是中国最早的"媒介素养教育"思想萌芽，而在当时并没有明确的提出"媒介素养"或"媒介素养教育"的概念。受纸质媒介环境的影响，当时的新闻知识普及教育大都围绕报纸而展开，视野较为狭窄，主要聚焦于培养普通"国民"或"民众"的"阅读能力"，使他们成为具有新闻学修养的"读报人"。随着广播、电视等电子媒介的兴起，作为新时代公民应具备的基本修养，媒介素养教

---

① 李秀云：《中国媒介素养教育思想萌芽的阐发》，《新闻记者》2005年第1期，第48—50页。
② 李秀云：《中国媒介素养教育思想萌芽的阐发》，《新闻记者》2005年第1期，第48页。

育的内涵得到了极大的拓展，远非"国民新闻教育"所能实现。

二 理论引入和初步学术研究阶段

从 20 世纪 90 年代开始，中国的传媒业进入了高速发展期，以报纸、广播、电视为代表的大众媒介成为公民重要的信息来源。而伴随着市场经济的确立，中国的媒介生态也经历了深刻的变革，转型期的大众媒介存在着不少的负面信息，如何培养公众尤其是青少年抵御媒介负面影响的能力成为众多学者关注的焦点。

我国的香港、台湾地区也是在大众传媒兴起的这一时期开始进行媒介素养教育的尝试。从时间上看香港的传媒教育比西方发达国家晚了数十年，但在媒介教育实践上却并不逊色。1997 年，香港大学的教育学院开设名为《传媒教育》的选修课，尝试为对媒体感兴趣的教师提供培训。2001 年暑假开始，岷港的多家小学纷纷进行了自己的媒介素养教育实践，一些幼儿教师甚至开始积极行动试图将传媒教育加入儿童课程。而在台湾地区，以媒体识读推广中心为代表的民间组织开始崛起，并尝试辅助各个学校推广媒介素养教学。

1994 年，中国社会科学院新闻研究所的夏商周首次将媒介素养教育的概念引入中国内陆，但当时未能引起足够大的反响。直到 1997 年中国社会科学院新闻与传播研究所的卜卫发表了名为《论媒介教育的意义、内容和方法》文章，不仅介绍了"媒介素养"在西方发展的历史，还将媒介素养教育的火种带入了中国内陆。[①] 之后，在媒介环境的影响下，国内越来越多的学者们开始关注媒介素养及媒介素养教育，并撰写发表了一批学术论文并成功引起了学界和业界的关注。

也正是在 1997 年，中国的媒介启蒙教育开始崭露头角。先是中国社会科学院新闻与传播研究所成立了"媒介传播与青少年发展研究中心"，特聘以卜卫为代表的 17 名研究员，启动了以传媒教育为目标的多项任务，试图找出适合中国青少年媒介教育的方法和途径，期望青少年

---

① 卜卫：《论媒介教育的意义、内容和方法》，《现代传播》1997 年第 1 期。

能借助于媒介成为更好的自己。之后，1998 年国内第一套具有完备体系的素质教育读本"素质教育文库"出版，其中的"媒介系列"包含了以电视、广告、网络为代表的五种媒介的素养培训。

到了 2000 年，中国第一所针对青少年的新闻学院——中国少年学院成立。该学院主要面向全国的中小学生进行性新闻的教育，教育方式结合了函授和面授两个形式，且以函授教育为主。2001 年，科学普及出版社还出版了以《怎样当个小记者》《我也能做小编辑》为代表的"少年新闻传播普及教育系列丛书"，重点对青少年进行大众媒介技术层面的训练，与"媒介系列"读本互为补充①。尽管这一系列的"媒介启蒙教育"活动，对我国青少年的媒介使用行为有一定的指导意义，但这些活动大多停留在观念的宣传阶段，并没有延伸拓展至实践层面，因此也只能称之为我国媒介素养教育的先导工作。

2000 年以后，中国传媒大学的张开教授开始关注媒介素养，并带头走出校门，以媒介素养讲座的形式，将服务送到干部培训班、大使馆、学校等需要的地方。2003 年后，大众媒介尤其是网络这一新兴媒介的负面影响引起了公众的广泛关注，社会对媒介素养教育的认可度逐渐提高，相关的研究成果和学术交流活动逐渐增多。

2004 年，中国传媒大学举办的"首届中国媒介素养国际研讨会"被誉为中国媒介素养研究和实践的里程碑事件。研讨会以"信息社会中的媒介素养教育"为主题，来自英国、加拿大及国内各个地区的参会者就如何建立适合中国的媒介素养教育展开了多角度、多层次的研讨，实现了媒介素养教育的合作、交流、共通。

同年 10 月 1 日，中国大陆第一个媒介素养专业网站（www. media literacy. org. cn）由复旦大学媒介素养小组（Media Literacy Group）创建并正式开通。该网站的开通，标志着中国媒介素养教育研究和实践的全面铺开。12 月 12 日，出于对未成年人的媒介素养教育问题的高度关

---

① 柏清：《当代中国大众文化传播语境下的传媒素养教育》，硕士学位论文，兰州大学，2006 年。

注，共青团中央、教育部、中央文明办、新闻出版总署等多个部门联合举办了"中国青少年社会教育论坛"，成为目前为止规模较大、影响力较强的青少年媒介素养教育全国性论坛之一。

同时，媒介素养课堂教育方面同样有所突破。2001 年，张舒予教授在南京师范大学开设了面向研究生的"视觉文化与信息技术"课程，她率先将"信息素养"教育和"视觉素养"教育连接起来，在教学实践中进行了早期媒介素养教育的探索。2005 年，"视觉文化与信息技术"课程在进一步修订和完善后更名为"视觉文化与媒介素养"，结合视听体验的剖析来培养大学生的视觉素养和媒介素养。2007 年至 2009 年，张舒予教授的"视觉文化与媒介素养"课程相继被评为南京师范大学校级精品课程、江苏省精品课程和国家级精品课程。

2003 年，复旦大学新闻学院成立了"复旦大学媒体素养小组"，并开始筹建"复旦大学媒介素养教育研究中心"。同年，中国传媒大学开始招收传媒教育方向的硕士研究生，并于 2005 年成立"媒介素养研究中心"。2003 年秋，上海交通大学率先开设了以传媒素养为内容的课程，除了该校的传播学学生外，700 多名电子工程、农学等理工科的学生也加入并学习了课程。2005 年 9 月，中国传媒大学正式开设了面向本科生和研究生的媒介素养课程。之后，媒介素养教育开始以不同的课程性质在全国各大高校扩展开来，有关媒介素养和媒介素养教育的全国性精品课程也逐渐涌现。

三　理论深入研究和经验实践研究阶段

2006 年以后，中国的媒介素养教育不管是在理论性的学术研究还是经验性的实践研究都取得了较好的发展，理论和实践相互融合，为未来媒介素养教育的良性发展奠定了基础。

就在 2006 年，由张开教授撰写的有关媒介素养的专著《媒介素养概论》正式出版，为媒介素养提供了理论构架。该书从媒介素养的概念、定义、核心内涵出发，以翔实的数据和资料探讨了在中国当前媒介环境下建立中国特色媒介素养理论的必要性和重要性。[①] 在之后的十数年，越来越多的学者开始关注并从事媒介素养和媒介素养教育的研究，有关媒介素养的著作和论文都更加关注自媒体环境下公众或青少年的媒介素养教育。

与此同时，不少的新闻学者和教育工作者则将学术研究和实践结合起来，努力探索适合中国的媒介素养实践道路。东北师范大学的闫欢教授自 2006 年就开始进行媒介素养课程的研究，结合东北师范大学的特色和实际情况，探索适合各个学校和不同年龄段的媒介素养课程，试图结合理论研究的结果进行课程设计的实践，同时对新媒体环境下的新媒体素养进行积极的探索。2009 年春季，依托东北师范大学的媒介素养课程研究中心，闫欢在长春市西五小学对小学班主任进行了媒介课程的师资培训，开启了小学媒介素养教育课程的新实践。[②]

中国青少年宫协会儿童媒介素养教育研究中心主任张海波也是中国较早的媒介素养教育实践者之一。2006 年，他带领青年社的记者和编辑申报了"广州市未成年人媒介素养教育行动研究"课题，成为较早的关注青少年媒体素养教育的行动案例之一。在之后的 2008 年 3 月，以少年宫成长空间为中心，他开设了针对青少年的小记者媒介素养实验课程，逐渐形成了从小学低年级到高年级的初级、中级、高级课程，深受家长和学生的欢迎。2011 年起，张海波着力将媒介素养课程从少年宫课程推广到学校，并将小记者媒介素养活动和课程扩大到学校的全体学生。2013 年，他将少年宫的部分课程整理，主编了面向学生、家长和老师的系列教材，被列为地方实验教材，成为国内第一套进入政府公共教育体系的儿童媒介素养教材。[③]

浙江传媒大学的王天德教授同样关注青少年的媒介素养教育。2008年秋季，他将媒介素养课程教育带入了夏衍中学，开设了 12 门课程。

---

① 张开：《媒介素养概论》，中国传媒大学出版社 2006 年版。

② 王天德：《中国媒介素养研究人物史》，中国广播影视出版社 2017 年版，第 25 页。

③ 人民网：《广东"媒介素养"教材进小学课程全国首套相关教材》，http：//media.people.com.cn/nl/2017/0315/C40606－29145627.html，2017 年 3 月 15 日。

第二年，缙云县长坑小学校长刘勇武特别邀请王天德团队到该校进行支教，重点是对学校4—5年级的学生进行专门的媒介素养教育。6年后，为长坑小学培养出的12名教师已经可以独立承担媒介素养课程的教学。此外，王天德团队还与杭州市夏衍小学、甘肃省康县一中等12所学校开展了课程支教活动，努力探索将媒介素养教育和德育课程相结合的课程体系，为中国的媒介素养教育工作作出了贡献。[①]

值得注意地是，越来越多的学者们开始关注自媒体环境下农村地区和弱势群体的媒介素养及媒介素养教育问题。自2007年起，黄山学院的何村教授带领课题组成员和学生们利用空余时间深入农村地区，为农村的中小学展开媒介素养教育课程，普及与媒体、广告、摄影等有关的媒介知识。[②] 同年3月，浙江传媒学院的宋红岩教授也开始关注媒介素养对农民工等弱势群体的影响，并持续带领学生利用暑假进行"农民工媒介素养调查"等社会实践。他建立的农民工媒介素养教育示范基地，通过结对子的方式将大学生社团和农民工结合起来，为农民工传授媒介使用的知识和技能，为未来农村地区的媒介素养教育提供了实用的经验。[③]

纵观媒介素养及媒介素养教育在本土的发展，不管是对国外文献和经验的总结和反思，还是对中国媒介环境下媒介素养教育本土化模式的实践，学者们和教育工作者在20余年间均积极进行了探索，并积累了一定的成果。但中国目前还没有形成较为完善的媒介素养教育体系，有关媒介素养教育的研究和实践大都与青少年有关，以公众为主体的媒介素养、教育实践并不常见，而与农村地区农民群体有关的媒介素养教育更是少之又少。

---

① 王天德：《中国的媒介素养教育研究重在社会教育——兼述浙江省媒介素养社会教育体悟》，《中国广播电视学刊》2013年第3期，第61—62页。

② 何村：《农村中小学媒介素养调查的启示与思考》，"传媒与中国"复旦论坛：媒介素养与公民素养论文集，上海，2007年12月，第490—503页。

③ 宋红岩：《农民工新媒介参与和利益表达调研与分析》，《中国广播电视学刊》2012年第6期，第70—72页。

第三章　2010 年农村地区媒介素养现状调查

——以河南农村地区为例

由于 2010 年与农民群体媒介素养相关的实证研究并不充分，因此可将针对农村地区的媒介素养的研究归类为探索性研究。在具体研究方法选择时，主要采用定量分析中的问卷调查法和定性分析中的个人访谈法及个案研究法对研究对象进行分析。

第一节　抽样方案及研究假设

一　抽样对象

本书中，农村指县（市）人民政府所在地下辖的乡镇与乡村地区，[①] 农民则指登记在农村地区并拥有农村户口的居民。[②] 因此，本书

---

① 在我国，"农村"与"城市"的划分标准一般有 3 个：其一是人口的聚居数量，以 2000 人为界；其二是职业，即农业人口与非农业人口之比例，以 50% 为界；其三是行政管理标准，县（市）人民政府所在地，不论人口多少皆是当然的城镇。在河南省，即使不少乡镇人口在 2000 以上，但其农业人口比例亦远远超过 50%，因此本研究以县（市）人民政府所在地为城镇之判断标准，故"农村"这一概念系指县（市）人民政府所在地下辖的乡镇与乡村地区。

② 传统意义上，所谓的"农民"，是针对"工人"这一概念而言的，也就是指长时期从事农业生产的人。随着社会的不断发展，"农民"早已成为一个多层次、含义丰富的概念。社会学家、三农问题评论家艾君在分析了我国农村基本状况后认为，农民在我国现代社会里已经由传统意义上的"从事农业生产的劳动者"演变为简单明了的"一切农业户口者"，即户口登记在农村并为农业户口的农村人。

所指的农村地区是指在河南省下设的县（市）人民政府所在地下辖的乡镇与乡村地区，书中的所有调查样本都是有农村户口的居民（包括有农村户口在农村居住的居民和有农村户口外出务工的人群）。为了简便称呼农村地区居民，行文中简称"农民"。

鉴于有关"媒介"的界定大都侧重于媒介介质的大众传播功能，因此本书中"媒介素养"所指的"媒介"主要指目前已经存在的大众媒体，即印刷媒体、电子媒体、新媒体等。在对网络和手机等媒体进行考察时，也更侧重其大众传播功能的考量。

中国刑法规定，16 周岁以上的公民才能称之为完全刑事责任人，也是从 16 周岁开始公民需要对犯罪行为承担刑事和民事责任。也就是说，法律层面看，16 周岁以上的公民具有自主思考和行为的能力，可以独立地进行媒介接触使用，并为自己的媒介消费行为负责。因此，本研究的调查受众下限为 16 周岁。而从媒介消费市场的角度来看，65 周岁以上的农村老人不管是媒介认知、媒介接触使用还是媒介参与水平均不能代表农村地区的整体水平。综上所述，将本书中调查问卷的受访者为 16—65 周岁且在农村拥有常驻户口的居民。

二　抽样方案

2010 年农民媒介素养调查中，从河南省 108 个县或县级市中抽取样本并投放结构式问卷。被调查者将在问卷调查的过程中提供研究所需的信息，以便对样本地区的农民媒介素养现状及水平进行清晰地了解。鉴于河南农村外出务工人员较多的现状，笔者将本调查研究样本划分为农村留守人员和外出务工农民（农民工）两个部分。两部分共派发问卷 760 份，有效问卷共 708 份。为了便于将留守人员和外出务工人员进行分组比较，对问卷进行了区别编号。其中，标号为 1—326 的问卷为留守人员调查问卷，标号为 327—708 的问卷为外出务工人员调查问卷。在问卷进行编号和编码后，将所有的编码问卷数据录入社会科学统计软件 SPSS14.0 进行统计。

（一）河南农村留守人员抽样方案

该部分的抽样方案为分层抽样和便利抽样相结合。第一步，按照河南省 2009 年度县（市）县域经济排名①，将河南省所有的县级行政单位县（市）划分为高、中、低三档。接下来，采用便利抽样的方法，从每一档县（市）中抽取 3 个（市）样本，共抽取 9 个样本县（市），并在这些县（市）投放份数相同的标准结构化问卷。

该部分调查分两次进行。第一次于 2009 年 7 月至 2010 年 2 月进行，由郑州大学新闻与传播学院的 9 名研究生完成，这 9 名学生均来自河南农村，他们的籍贯是便利抽样的标准，也是样本抽取的主要影响因素。这些调查员将问卷带回籍贯所在地，并在自己的家庭周围展开调查，完成相应份数的调查问卷后将其带回学校上交。问卷由调查员代填，属代填式问卷，9 个县（市）分别投放问卷 20 份，共投放问卷 180 份，回收 162 份。除去 16 岁以下问卷 2 份、65 岁以上问卷 1 份，有效问卷为 159 份。

因问卷样本有限，于 2010 年 5 月至 7 月进行第二次问卷投放，依旧由之前抽取的 9 名研究生完成，但问卷投放的地点更换为相邻的村子，问卷由调查员代填，属代填式问卷。9 个县（市）二次投放问卷各 20 份，共投放问卷 180 份，回收 169 份，除去无效问卷 2 份，有效问卷为 167 份。

经过两次调查，共在抽取的 9 个县（市）投放问卷 360 份，回收 331 份，有效问卷份数为 326 份（见表 3 - 1）。此部分的问卷回收率为 91.9%，有效回收率为 98.5%。

①　根据宋建武等在《中国传媒经济的发展规律与趋势》（中国人民大学出版社 2005 年版）第二章《中国媒介经济与宏观经济的关系》中，通过实证研究得出了以下结论：国内媒介经济与宏观经济之间呈现很强的正相关性，媒介产品尤其是广告市场受 GDP 的影响较大。因此，本书以县域经济排名来进行分层，以分析经济因素与媒介素养水平的相关性。

表 3－1　　河南农村留守人员媒介素养调查样本抽样说明（2010）

县（市）名称	全省县域经济排名	样本数（名）	有效问卷（份）
灵宝市	007	40	36
汝州市	016	40	35
濮阳县	033	40	37
开封县	060	40	38
睢县	065	40	34
商水县	071	40	37
汤阴县	075	40	38
淮滨县	098	40	35
延津县	102	40	36

　　为了保证便利抽样的信度，笔者对参与的调查对象进行了资本信息统计。统计结果表明，尽管采了便利抽样，但调查对象基本情况与河南人口统计数据[①]基本一致，受访者的各项人口统计学指标相对较满意，（见表 3－2）。

表 3－2　　农村留守人员受访者人口与河南省人口描述统计对比（2010）

人口统计学变量		受访者描述统计数据（百分比）	河南省描述统计数据（百分比）
性别	男	52.5%	51.7%
	女	47.5%	48.3%
年龄	16—19	5.9%	7.9%
	20—29	29.1%	14.0%
	30—39	25.4%	13.7%
	40—49	26.4%	17.8%
	50—59	11%	13.8%
	60—65	2.2%	4.6%

---

　　① 笔者主要从《中国统计年鉴（2010）》中截取河南人口的相关统计数据，因抽取样本剔除了 0—15 岁和 65 岁以上样本，受访者的描述统计数据略高于河南省描述统计数据，但大致比例是相对一致的。

人口统计学变量		受访者描述统计数据（百分比）	河南省描述统计数据（百分比）
教育水平	≤6 年	18.8%	32.6%
	7—9 年	36.6%	49.6%
	10—12 年	29.9%	13.0%
	≥13 年	14.6%	4.9%

（二）河南农村外出务工人员抽样方案

这部分是针对河南农村外出务工人员而进行的调查。在抽样方案上，主要采用随机抽样的方法。该部分调查持续时间为 2009 年 11 月至 2020 年 3 月。为了充分保证性别在调查对象上的平衡，调查地点分别选取了男性和女性工种较为集中的劳务市场，筛选河南籍外出务工人员聚集的地点进行随机调查。

因外出务工者大都可以自行填写问卷，该部分问卷为自填式问卷，先后发放问卷总计 400 份，共回收 387 份，除去无效问卷和不完整问卷 5 份，有效问卷为 382 份。此部分回收率为 96.6%，有效回收率为 96.8%，有效问卷回收率为 98.7%。

三 问卷设计

按照媒介素养包含的四个层面，问卷分为了媒介认知篇、媒介使用篇、媒介评价篇、媒介参与篇和基本资料篇。共有 24 个问题，每篇内包含的问题内容如 3-3 所示。

表 3-3 问卷设计及具体内容（2010）

问卷分类	问题个数	包含内容
媒介认知篇	3	记者的权力、媒介功能、媒介创收手段
媒介使用篇	11	媒介使用偏好、媒介使用动机、媒介接触行为、媒介接触时间、网络手机等新媒体媒介接触行为、媒体使用满意度等
媒介评价篇	3	媒体信任度、媒介负面信息影响等
媒介参与篇	3	媒介信息传播意愿、媒介参与意愿及媒介参与渠道
基本资料篇	4	性别、年龄、接受正规教育年数、家庭年收入

四　研究假设

研究假设是定量研究的前提，也是研究初步观点的体现。通过借鉴已有的理论研究成果，确定研究的基本论点和相关变量，并通过分析和判断，在研究过程中验证或者推翻所持的观点，可以很大程度上保证研究的客观性和严谨性。在本调查过程中，笔者通过资料查阅和结论分析，做了以下的研究假设：

1. 不同媒介对农民的影响程度不同；

2. 农村地区的媒介接触使用以电视为主；

3. 农民的媒介素养水平会受性别、年龄、经济条件等因素的影响，且相关因素的影响是交互的；

4. 是否外出务工对农民媒介素养水平具有一定影响。

第二节　基本资料篇

一　性别

在 708 份问卷中，男性受访者为 372 人，占受访总人数的 52.5%，女性受访者为 326 人，占总人数的 47.5%。（如图 3 - 1）

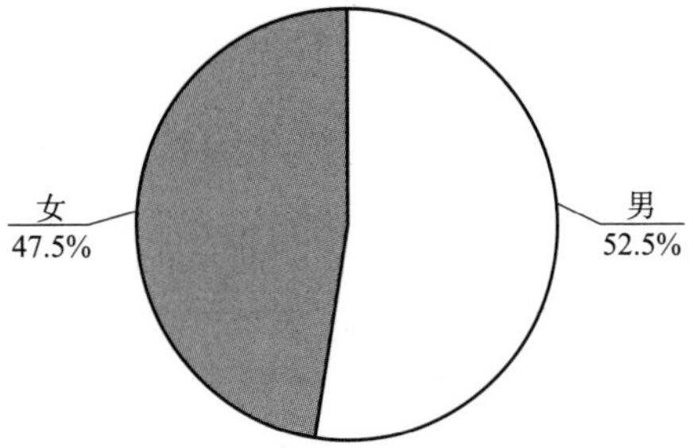

二　年龄

在所有受访者中，年龄最小的为 16 岁，最大为 64 岁，平均

女 47.5%　男 52.5%

图 3 - 1　受访者性别（2010）
（单位:%）

年龄为 33.97 岁。如图 3 - 2 所示，20 岁以下 42 人，占受访总人数的 5.9%；20—29 岁 206 人，占 29.1%；30—39 岁 180 人，占 25.4%；40—

49岁187人，占26.4%；50—59岁78人，占11%；60岁及以上15人，占总数的2.2%。从下图看出，受访者主体为20—49岁，占总受访人数的80.9%。

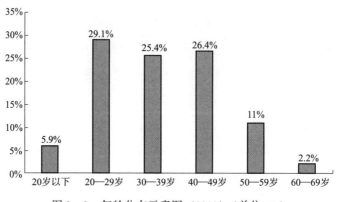

图3-2　年龄分布示意图（2010）（单位:%）

三　受教育程度

由于农村人员部分可能因为家庭条件等因素中途辍学，因此本调查研究以在学校接受正规教育的年数来表示其受教育程度。如图3-3所示，在学校接受正规教育6年及以下（小学及以下学历）的，占总受访人数的18.8%，7—9年（初中及初中肄业）的占36.6%，10—12年（高中及高中肄业）的占29.9%，13年及以上（四年中专及以上学历）的占14.6%。在所有的受访者中，平均接受正规教育9.51年，以初中和高中学历者最多，占总受访人数的66.5%。

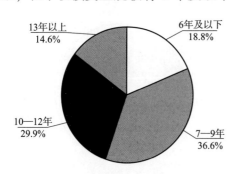

图3-3　受教育程度示意图（2010）
（单位:%）

四 家庭年收入

家庭年收入是衡量受访者经济条件的重要标准，总的来说，大部分受访者的家庭年收入大多都在 8000 至 20000 元之间：8000 元及以下的占 20.3%，8001 到 10000 元的占 17.4%，10001 到 15000 元的占 30.2%，15001 到 20000 元的占 22.2%。剩余少部分家庭年收入为 20000 元以上，占 9.9%。（见图 3 - 4）

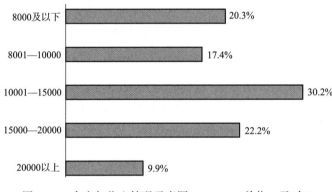

图 3 - 4 家庭年收入情况示意图（2010）（单位：元/年）

第三节 媒介认知理解篇

问卷中媒介认知理解篇共包含 3 道大题，包含了媒介知识、媒介功能、媒介机制三个部分。

一 媒介知识

当问及记者的权力是否大时，22.4% 的受访者认为"很大"，44.5% 认为"较大"，22.2% 认为"不大"，也有 10.9% 的受访者表示"不知道"。从图 3 - 5 可知，在 708 名受访者中，近一半人认为记者的权力是较大的，这是对记者这一职业的尊敬，也代表着广大农民对记者这一社会角色的真实期待。而超过 10% 的受访者表示"不知道"，则代

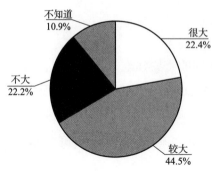

图 3 – 5　记者的权力（2010）（单位:%）

表着仍有部分农民对记者的职业、职责不甚了解。

二　媒介功能

在传播学领域，关于大众传媒的社会功能有着著名的"拉斯韦尔三功能说""施拉姆四功能说"等。笔者结合各位传播学家的观点，将媒介的功能总结为报道国内外新闻、宣传国家政策、监督政府和相关部门执法、传递生产和生活信息、娱乐为生活增加乐趣五项。

在对五项媒介功能同意程度的考察中，采用五级量表的形式。1 代表"非常不同意"，2 代表"不同意"，3 代表"半同意半不同意"，4 代表"同意"，5 代表"非常同意"。经分析，报道国内外新闻、宣传国家政策、监督政府和相关部门执法、传递生产和生活信息、娱乐为生活增添乐趣五项同意程度的均值分别为 3.83、3.96、3.65、3.73、3.93，都超过了 3。如图 3 – 6 所示，受访者大都同意媒介的这五项功能，且对"宣传国家政策"和"娱乐"这两个功能的同意程度最高。

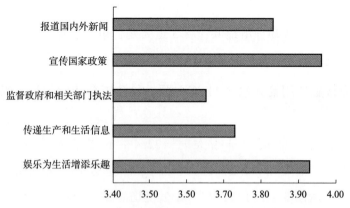

图 3 – 6　媒介功能同意程度统计图（2010）（同意程度均值）

三　媒介机制

"报社的收入从哪来"是对媒介组织运行机制的考察。参照现今大部分纸质媒体的运行机制可知，政府拨款已不再是它们的主要经济来源，尤其在报业改革掀起以后，报社的日常运营大都靠广告收入。

如下图 3 - 7 所示，认为报社的收入靠"广告收入"的占 56.2%，认为靠"政府拨款"的占 19.1%，认为靠卖报收入的占 9.3%。也就是说，过半的受访者对报社的经济来源有着正确的认识，不过还有将近 15.4% 的被访者并不知道报社的收入从哪来。

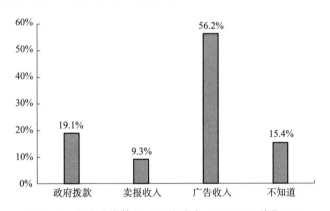

图 3 - 7　您认为媒体的收入从哪来（2010）（单位:%）

第四节　媒介接触使用篇

媒介接触使用篇共包含 11 道大题，包含媒介接触偏好、媒介使用动机、媒介使用程度、媒介使用满意度等内容。

一　媒介接触使用偏好

按照接触使用的程度将对媒介选择和接触划分为 5 个层次，1 代表"从不"，2 代表"较少"，3 代表"有一些"，4 代表"经常"，5 代表"很经常"。在对所有受访者的选择答案的均值做比较后发现，在报纸、广播、电视、网络、手机五种媒体中，电视的接触使用均值最高，达4.03（"经常"）；手机次之，达3.46（接近"经常"），之后是网络2.81（接近"有一些"），报纸和广播的接触使用均值最低，仅2.31和2.03（接近"较少"），见图3–8。

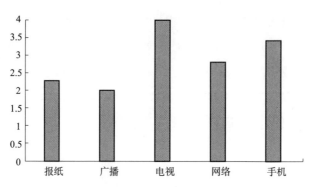

图3–8　媒介接触使用情况图（2010）（同意程度均值）

二　媒介使用动机

对媒介使用动机的考察和媒介功能考察一样，采取五级同意程度量表。从图3–9中可见，四项动机的同意程度均值都超过了3，即这四项都是大部分受访者接触使用媒介的动机。其中，"表达感情、娱乐身心"的同意程度最高，均值达3.79，获取国内外新闻次之（3.78），之后是获取生产生活信息（3.69），最后才是增加与别人聊天时的话题（3.6）。

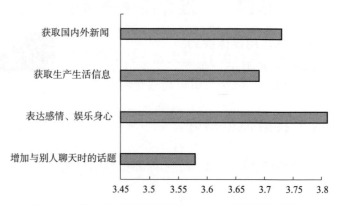

图3–9　媒介使用动机示意图—2010（同意程度均值）

三　媒介使用程度

在对电视、广播、报纸、网络每周的使用时长、使用频次统计中发现，电视是广大农民使用最多、最频繁的一种媒体，平均每周 6.9 次、13.8 小时，即每天 1 次，每次近 2 小时；网络排位第二，平均每周 3.1 次、6.2 小时（每 2 天 1 次）。使用频次较低是报纸，平均每周 2.4 次、1.625 小时（每 3 天 1 次）；使用频率最低的是广播，平均每周 1.5 次、1.4 小时（每 5 天 1 次），见图 3 – 10。

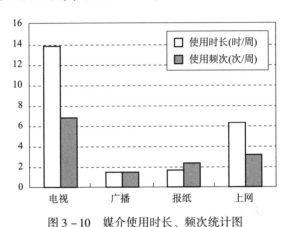

图 3 – 10　媒介使用时长、频次统计图

四　媒介使用满意度

当问及"如果需要某方面的信息，是否能熟练运用媒体找到"时，21.3% 的受访者表示"能"，42.7% 的受访者表示"基本能"，但也有 36% 的受访者表示"不能"。如图 3 – 11 所示，大部分受访者对自己的媒介使用表示满意。同样，受访者在另一个问题"媒介的信息对您很有用"的同意程

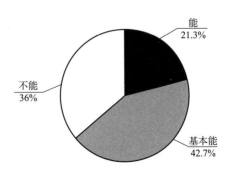

图 3 – 11　媒介使用满意度示意图（2010）
（单位:%）

度考察中，均值达到了 3.55，超过了 3 "半同意半不同意"，这证明大部分的受访者认为媒介的信息对自己还是比较有用的。

第五节　媒介批判评价篇

媒介批判评价篇有 3 道大题，包含媒介反思能力、媒介信任度、媒介负面信息影响等内容。

一　媒介反思能力

在人们阅读或观看了媒体的一些报道后，57.1% 的受访者表示偶尔会有自己的想法，经常有自己想法的也占 36.7%，只有 6.2% 的受访者表示从来没有自己的想法。这表示 93.8% 的受访者对媒介的信息都有一定的反思能力，这个结果远超乎笔者的预期设想，见图 3-12。

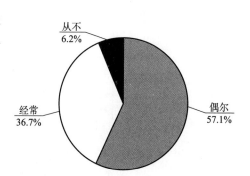

图 3-12　媒介反思能力示意图（2010）
（单位:%）

二　媒介信任度

如图 3-13 所示，在对四种大众传媒的媒介及其传播信息的信任度均值比较中，电视及其传播的信息信任度最高，报纸次之，广播紧跟其后，信任度最低的是网络。

三　媒介负面信息影响

在对媒介黄色、暴力信息影响的分析中，只有极少部分受访者（4.4%）普遍认为这些信息对周围人的影响不大，但他们中 77.8% 认为负面信息对孩子的影响很大。这证明，相较于成人，众多的受访者认为媒体负面信息更多作用于青少年，见图 3 - 14。

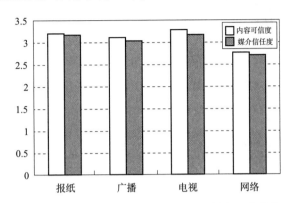

图 3 - 13　媒介信任度示意图（2010）（同意程度均值）

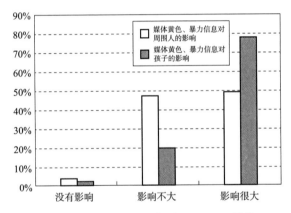

图 3 - 14　负面信息影响示意图（2010）（单位:%）

第六节　媒介参与创作篇

媒介参与创作篇共包含 3 道大题，主要考察受访者信息传播欲望、媒介参与的热情和媒介参与方式。

一　信息传播能力

如下图 3 - 15 所示，78.9% 的受访者从媒介获知重要信息后，会主

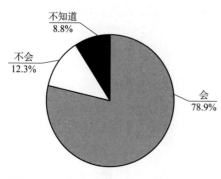

图 3 – 15　信息传播能力示意图（2010）
（单位:%）

动告知他人，信息传播能力和欲望较强。可以这么说，如果有适合且方便的媒介供他们使用，他们自身传播信息能力是不可小觑的。与 12.3% 的受访者信息传播欲望不强相比，仍有 8.8% 的受访者对自己是否会传播已知信息表示迷茫。

二　媒介参与热情

与信息传播欲望相反，受访者的媒介参与热情并不是很高。只有 25% 的受访者在生活中遇到一些事情和想法的时候，会通过媒体表达，其余 75% 的受访者要么不会通过媒体表达，要么什么都不做。

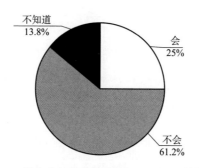

图 3 – 16　媒介参与热情示意图（2010）（单位:%）

三　媒介参与方式

与参与热情相对应，42.1% 的受访者什么都不做，即不会参与媒介互动。在愿意参加媒介互动的受访者中，给媒体写信或者打电话的占 25%，给媒体发短信和网上发帖的媒介参与方式也不在少数，分别是 15.4% 和 13.1%，最后才是向相关部门反映情况（见图 3 – 17）。鉴于在第 7 节调查结论中要用到关于网络及手机媒体的相关数据，因此部分调查结果将放进第 7 节中展示。

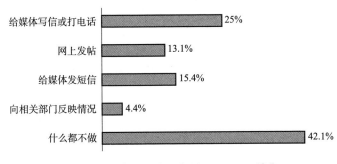

图 3 - 17　媒介参与方式示意图（2010）（单位:%）

第七节　调查结论

一　影响农民媒介素养水平的相关因素

从调查结果可知，尽管被访者个体的媒介素养水平参差不齐，无论是其媒介认知、媒介使用水平还是媒介评价、媒介参与水平都有所差异，但影响其整体媒介素养水平的因素却存在一致性。

在对各变量与媒介认知、媒介使用、媒介评价、媒介参与四个方面的相关性探索分析中笔者发现，各变量与媒介接触和使用水平的相关性最为显著。因此笔者主要以媒介接触使用程度为代表，用"性别""年龄""在校接受正规教育年数""家庭年收入"等变量分别与报纸、广播、电视、网络、手机等的使用程度做相关性分析，以确定这些变量与媒介素养水平是否存在相关性。

通过分析结果可知，性别与媒介接触使用程度并无显著性相关，而年龄、在校接受正规教育年数、家庭年收入这三个变量与媒介接触使用水平不同程度显著相关。

（一）性别

在"性别"与各种媒介使用程度的相关性分析中，性别与媒介接触使用程度并无显著性相关，这说明，性别对媒介素养水平的影响并不是十分显著（如表3-4）。但通过对男女平均每周接触和使用各媒介小时数的比较发现，尽管性别对媒介接触使用的影响并不显著，但影响还是存在的（如图3-18）。

表3-4　　性别*媒介使用程度相关性分析（2010）（N=708）

	性别	
	皮尔逊相关系数① Pearson Correlation	显著性水平值 Sig.（2-tailed）
报纸使用程度	-.073	.19
广播使用程度	-.086	.121
电视使用程度	.085	.127
网络使用程度	-.054	.33
手机使用程度	-.077	.164

（注：*表示在0.05水平相关显著，**表示在0.01水平相关显著）

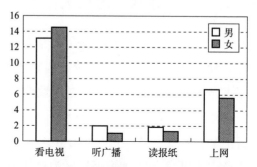

图3-18　农村男女留守人员各媒体使用时长均值比较图（单位：小时/周）

从图中我们可以看出，尽管差异性并非很大，但在广播、报纸、网络三种媒体的使用上，男性仍然稍占优势，而女性看电视的时长则大于

---

①　变量之间的相关程度由相关系数来衡量，而运用最为广泛的相关系数之一即为皮尔逊相关系数（Pearson Correlation），它用于检验连续性变量之间的线性相关程度。相关系数R介于-1到1之间，其绝对值越趋近于1表明相关程度越高，绝对值越近于0表明相关程度越低。相关系数的正负号代表相关的方向，即正相关或负相关。相关系数R达到多少算相关，这个问题通常依据具体的研究问题而定。比如，在行为学领域，通常把0.1视为低相关，0.3视为中等相关，0.5以上视为高相关。

男性。也就是说，性别对媒体接触使用乃至媒介素养水平的影响尽管不很显著，但仍有其影响性存在。

（二）年龄

分析表明，在"年龄"与各种媒介使用程度的相关性分析中，"年龄"与广播、电视使用程度并没有较为显著的相关性，但与报纸、网络、手机的相关性却很显著，且都属于负相关。其中，与报纸的使用程度相关系数为 - .164，与网络使用程度相关系数为 - .562，与手机使用程度相关系数为 - .225。这说明，年龄越大的人，越不经常使用报纸、网络和手机这三种媒体。根据绝对值越趋近于 1 相关程度越高的原则，报纸是年龄大的人最不经常接触的媒体，相比之下他们对网络和手机的接触使用程度要稍高于报纸。（如表 3 - 5 所示）

表 3 - 5   年龄 * 媒介使用程度相关性分析（2010）（N = 708）

	年龄	
	皮尔逊相关系数 Pearson Correlation	显著性水平值 Sig.（2 - tailed）
报纸使用程度	- .164（＊＊）	.003
广播使用程度	.012	.829
电视使用程度	.068	.224
网络使用程度	- .562（＊＊）	0
手机使用程度	- .225（＊＊）	0

（注：＊表示在 0.05 水平相关显著，＊＊表示在 0.01 水平相关显著）

（三）受教育程度

在"在校接受正规教育年数"与各种媒介使用程度的相关性分析中，学历与报纸、网络使用程度的相关性最为显著，都属于正相关。其中，与报纸的使用程度相关系数为 .353，与网络使用程度相关系数为 .504。这说明，与受教育程度较低的农民群体相比，受教育程度越高的人越经常使用报纸和网络这两种媒体，而手机、电视、广播的使用程度受学历因素的影响并不显著，见表 3 - 6。

表3-6 受教育程度 * 媒介使用程度相关性分析 （2010） （N = 708）

	在校接受正规教育年数	
	皮尔逊相关系数 Pearson Correlation	显著性水平值 Sig. （2 - tailed）
报纸使用程度	. 353 （**）	0
广播使用程度	. 004	. 948
电视使用程度	0.037	. 224
网络使用程度	. 504 （**）	. 51
手机使用程度	. 103	. 065

（注：*表示在0.05水平相关显著，**表示在0.01水平相关显著）

（四）家庭年收入

经济水平一直被业界列为影响媒介素养水平的重要因素之一。在对调查结果的分析中笔者发现，收入因素与媒介素养水平之间的相关性的确比较显著。如表3-7所示，分析结果表明，家庭年收入与报纸、网络、手机三种媒体的使用程度有显著的相关性。这表明，年收入越高的家庭，越经常使用报纸、网络、手机这三种媒体，而家庭年收入与广播、电视两种媒体的使用程度影响并不显著。

表3-7 家庭收入 * 媒介使用程度相关性分析 （2010） （N = 708）

	家庭年收入	
	皮尔逊相关系数 Pearson Correlation	显著性水平值 Sig. （2 - tailed）
报纸使用程度	. 212 （**）	0
广播使用程度	. 104	. 062
电视使用程度	- . 006	. 909
网络使用程度	. 285 （**）	0
手机使用程度	. 117 （*）	. 036

（注：*表示在0.05水平相关显著，**表示在0.01水平相关显著）

另一方面，为了进一步证明家庭年收入对各种媒体接触使用的影响，笔者将农村留守人员部分的有效问卷抽出，把326份有效问卷按照所属县域在全省经济排名中的位置划分为三个梯次（同抽样方案中划分的三个梯次），并将三个梯次问卷中各种媒体的使用时长做均值对比。其中，第一梯次问卷108份，第二梯次问卷109份，第三梯次问卷109份。

由下表3-8可见，三个梯次受访者各媒体的使用时长分别按照经济水平的递增也呈现出了递增的趋势，其中电视、网络递增的趋势更为明显。这就进一步印证了经济水平对媒介接触使用的影响，结合家庭年收入与媒介接触使用的相关性，我们不难看出，经济因素对媒介使用水平乃至媒介素养水平的影响。

表3-8　　　　不同经济水平受访者媒介使用时长比较（2010）

	看电视（时/周）	听广播（时/周）	读报纸（时/周）	上网（时/周）
第一梯次	16.932	0.783	1.202	4.075
第二梯次	17.25	1.875	1.212	4.096
第三梯次	18.824	1.889	1.222	6.204

（五）是否外出务工

随着城市经济的不断发展，外出务工成为农村剩余劳动力的首要选择。从2004年以来，河南省外出务工的农民工数量一直在增加。据河南省人力资源和社会保障厅统计，截至2009年年底，河南省出省务工的农民工达1275.3万。而这些务工人员在城市里接触到的新观念、新事物，在一定程度上会影响其媒介素养水平。因此笔者带着"是否外出务工对农民媒介素养水平具有一定影响"的假设，进行了相关的分析，见表3-9。

表3-9　是否外出务工＊媒介使用程度相关性分析（2010）（N＝708）

	是否外出务工	
	皮尔逊相关系数 Pearson Correlation	显著性水平值 Sig.（2-tailed）
报纸使用程度	.214（＊＊）	0
广播使用程度	0.084	0.13

续表

	是否外出务工	
	皮尔逊相关系数 Pearson Correlation	显著性水平值 Sig.（2 - tailed）
电视使用程度	－ .159（＊＊）	0.004
网络使用程度	.234（＊＊）	0
手机使用程度	0.04	0.472

（注：＊表示在 0.05 水平相关显著，＊＊表示在 0.01 水平相关显著）

　　分析结果恰恰印证了笔者的假设，是否外出务工确实与报纸、电视、网络的使用程度有显著的相关性，其中与报纸、网络的使用程度呈正相关，与电视的使用程度呈负相关。也就是说，与农村留守人员相比，农村外出务工人员对报纸、网络的接触和使用更多；而外出务工人员对电视的接触和使用则没有农村留守人员那么多。

　　这个结论很可能与外出务工人员的工作环境有关，工作忙碌程度、生活条件限制等因素使外务工人员没有太多接触电视的机会，但他们却比留守人员拥有更多的报纸、网络接触条件（城市报业明显发达于乡村且城市的网吧数量相对要多于农村）。

　　综上所述，不管是性别、年龄、受教育程度，还是家庭年收入、是否外出务工，都对受访者的媒介接触使用具有一定的影响，且年龄、受教育程度、家庭年收入、是否外出务工与媒介接触使用呈显著相关。由于媒介接触和使用是媒介素养水平的重要组成部分，又是媒介批判评价和媒介参与创作的必要条件，还是衡量媒介素养水平的重要标准，由此推知，河南农民的整体媒介素养水平势必会受性别、年龄、受教育程度、家庭年收入和是否外出务工等因素的影响。这在一定程度上证明了笔者的假设，经济、文化、社会或象征性资本确实会导致农民媒介素养水平的差异和"知沟"的产生，而且经济、文化等资本在他们的媒介素养培养过程中起了重要作用。

二 媒介认知理解：整体水平令人满意，未来仍有提升空间

在对受访者媒介知识、媒介功能、媒介机制三个部分的考察中，我们发现大部分受访者的答案还是令人满意的。如个人访谈中，调查员提问的"记者是为谁说话的"一题中，82.1%的受访者都认为记者是为党和人民服务的，这与中国特色社会主义新闻事业的性质是一致的。又如对媒介功能的考察，笔者列举的"报道国内外新闻""宣传国家政策""监督政府和相关部门执法""传递生产和生活信息""娱乐为生活增添乐趣"五个选项都得到了大部分受访者的认同。而关于媒介机制的考察中，75.3%的受访者都认为"报社的收入"来自于"广告收入"和"政府拨款"，这与现阶段大部分报社及报业集团的生存现状大致是符合的。

但不容忽视的是，尽管大部分受访者的媒介认知理解水平较高，也有不少受访者这方面水平有待提高。如仍有将近10%的受访者不知道"记者是为谁说话的"；超过10%的受访者对记者的职业、职责不甚了解，不知道"记者的权力"是否比较大；也有15.4%的被访者不知道报社的收入从哪来。

这种现状表明，传播学界普遍认同的"知沟"，并不仅仅存在于城乡之间，也广泛存在于河南农村之间。部分农民与其他媒介认知水平较高的人相比，对媒介、媒体从业人员并没有足够深入的认识。但一旦这些"落后者"接受了相关的教育或者在媒体上看到了相关的介绍或报道，他们的媒介认知理解水平将会有很大的提升。

三 媒介接触使用：电视使用高居首位，新媒体发展喜忧参半

在对媒介接触使用水平的考察中，电视媒体和新媒体的接触和使用

都值得探讨。根据调查结果，电视媒体依旧占据了农村媒介市场的主导位置，新媒体尤其是网络以空前的发展速度蹿升为使用频率第二的媒体，而报纸、广播两种媒体的使用则退居农村媒介市场的次要位置，这些现象都反映了新时期农民媒介接触使用偏好的一些转变。但在新媒体的使用中也不难发现，受访者对网络、手机等媒体功能的运用比较局限，相对其他媒体而言并不充分。

（一）电视使用高居首位，报纸、广播居次位

20 世纪 90 年代以来，电视以其鲜活的画面和生动形象的表现方式俘获了中国广大观众的心，并逐渐普及成为国民了解信息、接收文化最主要的媒介途径。

在对电视、广播、报纸、网络每周的使用时长、使用频次统计中发现，电视是广大农民使用最多、最频繁影响的一种媒体，平均每天 1 次，每次近 2 小时。而报纸、广播的使用频率远远低于电视，只能达到每 3 天 1 次和每 5 天 1 次。这表明，在河南农村媒介市场中，电视以绝对的优势占据媒介接触使用的第一名，而报纸、广播这两种媒体居农村媒介市场的次要位置。

主要原因在于，相较其他媒体，电视更贴近农民，更能生动、全面地将信息传递给他们。在众多的媒介中，电视是最不受收入、学历等因素的一种媒体。开封县（县域经济排名第一梯次）东空村 38 岁的村民胡德明表示，自己只有小学文化程度，他所接触的主要媒介是电视，村里没有卖报纸的地方，加上经济和时间等原因他几乎不接触报纸和广播，电视也是个人安装的设备私自接收卫星信号。而汤阴县（县域经济排名第三梯次）安庄村 52 岁的村民常柱也表示，他所接触的主要媒体是电视，还是无线接收，因为经济上并不宽裕没有阅读报纸的习惯，广播是因为时间原因没有收听。

这种现状用"使用与满足理论"和布尔迪厄的"惯习理论"都能加以解释。在河南农民特定的生活环境下，他们对媒体类型的选择、接触

和使用频率，都是基于某种目的而做出的对自身最为有利的选择。且做出的选择要受人们所拥有的经济资本（收入），以及文化资本（受教育程度）、社会资本等的影响，一旦这种媒介使用偏好形成，就成为一种"惯习"，在很长一段时间内将延续并坚持。正如 2001 年中国科协对全民科学素养的调查结果所示，农民科学素养的培养主要来源于电视，而且将会维持相当长的一段时间。从当时的情况来看，在所有的媒体之中，电视无疑是影响河南农民最多的一种媒体。在对农民群体媒介素养的培养中，电视具有不可小觑的作用，且这种作用可能会持续更长的一段时间。

（二）新媒体异军突起，媒介使用仍不充分

尽管如今学界对于"新媒体"这一概念并不统一，但新媒体无疑是相对于旧的媒介样式而言的。其区别于传统媒体的构成要素有两个：一是依托新的技术形式或技术体系而出现；二是明显区别于纸质媒体、电子媒体这些传统意义上的大众媒体而存在的新的媒介形式。

新传媒产业联盟秘书长王斌曾说，"新媒体是以数字信息技术为基础，以互动传播为特点、具有创新形态的媒体"[①]。清华大学的熊澄宇教授则认为，"新媒体是建立在数字技术和网络技术的基础之上，延伸出来的各种媒体形式"[②]。那么从这个意义上来说，基于数字技术存在的交互杂志、数字报刊、数字广播、IPTV，甚至是网络和手机都属于新媒体的范畴。在这些新的媒介样式中，与农村地区居民相关度最高的数网络和手机两种媒介形式。在本次调查中，网络在农村的影响完全超过了笔者预期。尽管网络的使用程度稍逊于手机，但在使用时长和使用频次统计中，网络远远地把电视和广播甩在了后面，平均每周 3.1 次、6.2 小时，几乎每 2 天 1 次、每次 1 小时。

据第 27 次《中国互联网络发展状况统计报告》显示，截至 2010 年

[①]　新媒网：《新媒网祝大家新年快乐》，http：//www. xinmei. org/list. asp？ id＝8575，2010 年 1 月 1 日。

[②]　熊澄宇：《新媒体与移动通讯》，《广告大观（媒介版）》2006 年第 5 期，第 26 页。

年底农村网民人数达到了 1.25 亿人，同比增长率为 16.9%，手机网民规模年达到 3.03 亿，占网民总数的 66.2%，手机上网成为互联网用户新的增长点[1]。鉴于这种现状，笔者对网络和手机媒体的使用情况做了进一步的分析。

从网络媒体的使用程度看，如图 3 – 19 所示，在 708 个受访对象中，311 人接触并使用过网络，占受访人数的 43.9%，已超过半数。在接触并使用过网络媒体的 311 名受访者中，网络使用目的以聊天、玩游戏、看新闻为主，分别占 27.3%、24.1% 和 21.7%，其次为查找资料 13.3%，收发邮件、网上购物和找工作只占其中很小一部分（见图 3 – 20）。

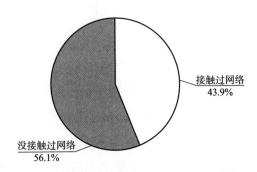

图 3 – 19　网络使用情况示意图（2010）（单位:%）

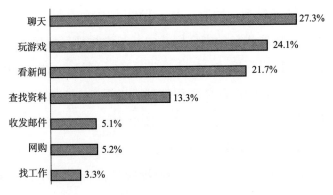

图 3 – 20　网络使用目的示意图（2010）（单位:%）

---

① 中国互联网信息中心：第 27 次《中国互联网络发展状况统计报告》，2011 年 1 月 19 日。

而在没有接触过网络的397人中，家里没电脑的人数最多，占44.4%；不会用电脑的占31.9%；没那个闲钱的占13.8%；网络上虚假信息太多的占5.7%；不知道上网有啥用的仅占4.2%。从图3-21可见，家里没电脑、不会用电脑是受访者没接触过网络的主要原因。

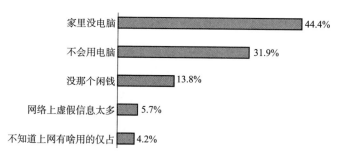

图3-21 未接触网络原因示意图（2010）（单位:%）

随着人们生活水平的提高，手机已经成为人们生活中不可缺少的一部分。在708个受访者中，有手机的共632人，占89.3%，没手机的共76人，占10.7%。在有手机的632人中，订阅手机报的只有118人，仅占18.7%。（见图3-22）

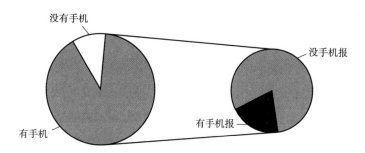

图3-22 手机使用情况示意图（2010）（单位:%）

由于具有传统媒体不及的优点，网络、手机等新媒体在农村发展迅速，随着互联网、移动3G业务网络的铺设，其良好发展前景可以预见。但如何保障农民群体网络和手机的使用质量，成为现阶段必须要解决的问题。

根据第27次《中国互联网络发展状况统计报告》显示的数据，河南网络普及率为25.5%，位列全国第24位，仅为第三梯队，即互联网发展水平较为滞后，网络普及率低于全球平均水平。从笔者本次调查结果可以看出，在网络媒体在农村市场迅速发展的同时，也有不少人因为种种原因而"掉队"，没使用过网络的受访者仍超过全部受访者的一半。这些人中，家里没电脑和不会用电脑成为没接触网络的主要原因，没有闲钱也是原因之一。

此外，按照上网受访者平均每周上网 6.2 小时推算，上网的受访者平均每天上网时长不到 1 小时。而据中国互联网络信息中心和国家统计局发布的数据，河南网民平均每天上网时长达 2 小时零 6 分钟。这说明，接触过网络的受访者上网时长仅为河南省网民平均上网时长的一半，农民对网络的接触和使用与整个河南省整体网络接触水平仍有很大的差距。

另一方面，不管是网络还是手机，受访者对其使用都不充分。在接触并使用过网络媒体的 311 名受访者中，网络使用多以娱乐（聊天、玩游戏）为主，娱乐仍是人们使用网络的主要目的，而国际上普遍认可的高质量互联网使用如查找资料、收发邮件、网上购物和找工作等只占网络使用的很小一部分，互联网使用质量不高。手机媒体也是如此，尽管受访者中有手机的占 89.3%，普及率甚至高于网络，但大部分的受访者对手机的运用却仅限于基本的通讯功能，手机报、3G 等其他手机功能在农村仍有待广大农民发掘。

四 媒介批判评价：媒介信任度普遍不高，个人思辨能力超出预期

尽管调查中 64% 的受访者表示"能"或"基本能"熟练运用媒介找到所需要的信息，对自身的媒介使用非常满意，但不管是传统的报纸、广播和电视，还是新媒体网络，媒介信任度普遍不高。其中，电视及其传播的信息信任度最高，报纸次之，广播紧跟其后，信任度最低的是网络。

大众传媒作为人们了解世界的主要手段，是党和人民的"耳目喉舌"，是舆论的引导者，传播的事实对民众生活有重要的指导意义。但受产业化及娱乐化的影响，越来越多的虚假信息和虚假广告，使媒介的形象在人们心中越来越坏。汝州市（县域经济排名第一梯次）康街村村民尹安国所说，大部分的村民接触的广告都是电视广告和墙体广告，但在购买日用品或者生产资料时，总感觉广告有虚假成分，因为好的东西一般是不用做广告的。通过对个别访谈的整理，笔者发现，有尹安国这样想法的村民并不在少数。从某种程度上说，虚假信息和广告在媒体的传播，降低了媒介信任度，甚至影响了农民的媒介选择接触行为，有5.7%的受访者不接触网络的原因是网络上虚假信息太多。这种现象为媒体敲响了警钟，只有负起足够的社会责任，才能被广大的农村受众所信任。

　　但值得庆幸地是，大部分受访者对媒体所传播的信息还是具有一定的反思和免疫能力的。在人们阅读或观看了媒体的一些报道后，57.1%的受访者表示偶尔会有自己的想法，经常有自己想法的也占36.7%，这说明几乎所有的受访者对媒介的信息都有一定的反思能力，这个结果远超笔者的设想。而且大部分的受访者对媒介黄色、暴力信息的影响都有足够的认识，只有极少部分受访者认为这些信息对周围人的影响不大，并且他们中的77.8%都认为负面信息对孩子的影响很大。这证明，众多的受访者都充分认识到了媒体负面信息对青少年的影响，他们主动为青少年过滤媒体负面信息的可能性也就更高。

五　媒介参与创作：信息传播能力与媒介参与热情存在落差

　　在传播学领域，信息传播和互动如影随形，传播是人们社会生活沟通的桥梁，互动是传播最根本也是最普遍的形式。早在科学技术尚不发达的年代，我国媒体便开辟了读者（听众）来信等媒介参与手段。热线电话的诞生，更使媒介互动和媒介参与变得简便快捷，受众与媒体之间的互动和参与几乎成为媒体的"必修课"。随着新技术的不断涌现，IPTV、Web 2.0 等新式媒体手段开始进驻媒体版图，而手机媒体的急速发展更是给媒体和受众提供了直接互动与参与的可能性。另一方面，随着生活的不断富裕，农民的物质生活得到了极大的满足，他们对信息的要求更加迫切，对自身的要求更高，已经完美实现了传统农民向新时代农民的转变。特别是生于农村的 80 后、90 后农民，他们追求的并不仅仅是物质，更希望能和城市居民享受相同平等的就业和公共服务，渴望得通过平等的权利和机会获得社会认同。这其中，显然也包含了平等的媒介参与机会。

在调查中，78.9% 的受访者具有较强的信息传播能力和欲望，一旦从媒介获知重要信息就会主动告知他人。也就是说，近八成的受访者期望自己能成为农村信息的传播者，在获取信息后他们还会还会主动充当意见领袖，将已获得的信息传递给其他人。如果有适合且方便的媒介渠道，农民人际传播和群体传播的力量将非常惊人。

相反地，人们的媒介参与热情却很低。75% 的受访者对某一事件有想法的时候要么不会通过媒体表达，要么不知道是否表达，只有 25% 的受访者会通过媒体表达自己的想法。与之对应地，受访者的媒介参与形式也相当匮乏，42.1% 的受访者都表示不会参与媒介互动。即便是愿意参与媒介互动的受访者，也以给媒体写信和热线电话为主。这说明，在广大的河南农村，媒介参与仍是个陌生的词汇。当个人利益受损时，大部分人会选择被动忍受什么也不做。即便参与媒介互动也是以热线电话、上访等传统的媒介互动方式进行，网上发帖和手机短信等手段并未大范围使用。这显然与农民的媒介参与愿望和信息传播能力现状都不相符。

照正常逻辑推理，如果某一群体的个人信息传播能力普遍较高，那么该群体的媒介参与热情肯定较为高涨。但调查中信息传播能力与媒介参与热情的巨大落差，足以反映河南农民媒介参与创作能力和媒介参与创作行为之间的错位，这与媒体的互动现状有着不可分割的关系。目前，大多数媒体的互动内容和形式都比较单一，短信竞猜和网上话题讨论几乎成为媒体最普遍的互动手段。多种多样的博彩互动往往让我们更加关注是竞猜或讨论的话题后的奖品，鲜少有人去关注媒介报道的质量和品位。而农民本身接触到的媒体比较单一，信道不畅通，再加上文化水平和经济条件的限制，参与媒体的渠道自然少之又少，长此以往很可能从根本上丧失媒介参与意识。

第四章　2020年农村地区媒介素养现状调查

——以河南农村地区为例

为了跟十年前的相关指标进行比对，笔者按照十年前的调查问卷框架对问卷进行了调整和更新后进行了问卷投放。依旧采用定量分析中的问卷调查法和定性分析中的个人访谈法、个案研究法，对研究对象进行分析。

第一节　抽样方案及研究假设

由于抽样对象在上一章进行了详细描述，2020年的调查问卷依旧以16—65周岁拥有农村常住户口的人群作为主要调查对象。

一　抽样方案

为了与十年前的抽样方案相对应，2020年抽样方案依旧从河南所有的县（县级市）中抽取样本，对选定地区投放设计好的结构式问卷。在抽样方案的设定上，依旧将调查研究样本分为农村地区的留守人员和外出打工的农民工两个部分，共投放问卷1140份，有效问卷992份。

（一）河南农村留守人员抽样方案

抽样设计上，采用分层抽样和随机抽样相结合的方法。按照河南省2019年度县（市）将河南省105个县（市）划分为高、中、低三档，再从每个档次的县（市）中各随机抽取 3 个县（市）作为样本。每个样本县（市）发放 60 份标准调查问卷，9 个样本县（市）共投放问卷540 份。

该部分调查于 2020 年 7 月至 2020 年 11 月进行，从本科和研究生中挑选 9 名农村学生［籍贯为随机抽中的县（市）］，由他们把问卷带回家，就近调查其家庭附近的住户，并将完成的问卷带回学校交回。

由于媒介环境的变化，本部分问卷主要由电子问卷和手填问卷两种。纸质问卷由调查员代填，属代填式问卷，而电子问卷为自填式问卷。共发放 540 份，回收 506 份，除去不在年龄范围的问卷 4 份，无效或不完整问卷 8 份，有效问卷份数为 494 份（见表 4-1）。此部分问卷回收率为 93.7%，有效回收率为 97.6%。

表 4-1　河南农村留守人员媒介素养调查样本抽样说明（2020）

县（市）名称	全省县域经济排名	样本数（名）	有效问卷（份）
巩义市	002	60	56
济源市	005	60	52
灵宝市	019	60	56
宜阳县	039	60	57
西华县	050	60	53
西峡县	061	60	54
罗山县	071	60	58
睢县	075	60	55
内黄县	192	60	53

（二）河南农村外出务工人员抽样方案

第二部分为河南农村外出务工人员媒介素养调查，抽样设计上，采用随机抽样的方法。该部分调查于 2020 年 9 月至 2021 年 2 月进行，于2020 年 9 月进行试调研，之后改善问卷进行二次试调研，再修改后于2020 年 10 月进行正式调研。考虑到调查对象性别的平衡，依旧选取了女性务工人员较为集中的超市、手工艺厂和男性务工人员较为集中的富士康进行随机调查，并在 2021 年 1 月底至 2 月补充返乡河南籍外出务工人员的问卷派发。

该部分问卷为电子问卷和纸质问卷①，由调查对象自己填写，共发放 600 份，回收 558 份，除去无效问卷 6 份和不完整问卷 54 份，有效问卷为 498 份。此部分回收率为 93.0%，有效回收率为 89.2%。

综上所述，两部分有效问卷共 992 份。为了方便区分留守农民和外出农民工之间的媒介素养差异，将两部分问卷分别编号，编号为 1—494 的问卷为农村地区留守人员调查问卷，编号为 495—992 的问卷为外出务工的农民工的调查问卷。将问卷编号并编码后，录入社会科学统计软件 SPSS20.0 进行统计分析。

二　问卷设计

按照媒介素养包含的四个层面，问卷分为了媒介认知篇、媒介使用篇、媒介评价篇、媒介参与篇和基本资料篇。共有 21 个问题，每篇包含的问题内容如下表 4 – 2 所示。

表 4 – 2　　　　　　　问卷设计及具体内容（2020）

问卷分类	问题个数	包含内容
媒介认知篇	3	媒介创收手段、媒介功能、新媒体知识
媒介使用篇	5	媒介使用偏好、媒介使用动机、媒介接触时间、媒介接触时长、媒体使用满意度、媒介信息传播能力等
媒介评价篇	4	媒体信任度、媒介反思能力、媒介负面信息影响等
媒介参与篇	5	媒介信息传播能力、媒介信息生产能力、媒介信息评价能力、媒介参与意愿及媒介参与方式
基本资料篇	4	性别、年龄、学历、家庭年收入

---

① 试调研过程中发现，尽管外出务工人员都有智能手机，大部分能独立完成电子问卷，但部分问卷质量不高，因此在该部分并没有用电子问卷代替纸质问卷，而是根据调研对象的个人情况，派发纸质或者电子问卷。

三　研究假设

在调查持续的这十年中，受信息移动技术的影响，媒介环境已经发生了翻天覆地的变化。不仅公众的媒介接触使用更加便利、参与互动的方式也更加多元，新媒介环境下公众对媒介信息批判和反思意识也在逐渐加强。随着智能手机的普及，农村地区接触媒介信息的方式和渠道势必会改变，而农村地区居民的媒介素养的整体水平与 2010 年相比也有很大不同。因此，2020 年的调查研究，主要确立了以下的研究假设：

1. 农民的媒介素养使用偏好及使用程度发生了较大变化；
2. 农民的媒介接触和使用开始朝新媒体发展；
3. 农村地区人们的媒介反思批判和反思能力有所提升；
4. 农民的媒体信任度在新媒体时代发生了一定的改变；
5. 农村地区的媒介素养水平依旧受人口统计学变量等因素的影响；
6. 影响农民媒介素养水平的因素发生了变化；
7. 外出务工对农民媒介素养水平依旧具有一定影响。

第二节　基本资料篇

一　性别

在 992 份问卷中，男性受访者为 514 人，占受访总人数的 51.8%，女性受访者为 478 人，占总人数的 48.2%（见图 4 - 1）。2019 年河南省人口男女性别比例分别为 51.6% 和 48.4%，这表明本次调研中男女性别比与河南省人口描述统计中性别比大致吻合。

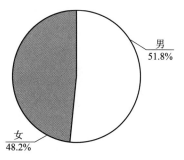

图 4 - 1　受访者性别（2020）
（单位:%）

二 年龄

在所有受访者中，年龄最小的为 16 岁，最大为 63 岁，如图 4 - 2 所示，其中 20 岁以下 130 人，占受访总人数的 13.1%；20 岁至 29 岁 342 人，占 34.5%；30 岁至 39 岁 174 人，占 17.5%；40 岁至 49 岁 206 人，占 20.8%；50 岁至 59 岁 112 人，占 11.3%；60 岁及以上 28 人，占总数的 2.8%。从下图看出，受访者主体为 20 岁至 49 岁，占总受访人数的 72.8%。

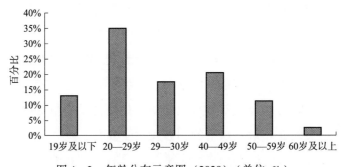

图 4 - 2　年龄分布示意图（2020）（单位:%）

三 受教育程度

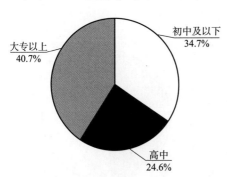

图 4 - 3　受教育程度示意图（2020）
（单位:%）

如图 4 - 3 所示，本次调查中调查对象的学历水平依旧是以高中、初中及以下学历为主。其中，在学校接受正规教育 9 年及以下（初中及初中肄业）的占 34.7%，10 年至 12 年（高中及高中肄业）的占 24.6%，13 年及以上（大专及以上学历）的占 40.7%。在所有的受访者中，以高中及以下学历者最多，占总受访人数的 59.3%。

四　家庭年收入

家庭年收入是衡量受访者经济条件的重要标准。在已经填写的问卷中，除去 26 个受访者填写"保密""不知道"等答案，大部分受访者的家庭年收入大多都在 1 万至 6 万元之间。其中，10000 元及以下的为 218 人，占 22.0%；10001—20000 元的为 120 人，占 12.1%；20001—40000 元的为 170 人，占 17.1%，40001—60000 元的为 184 人，占 18.5%；60001—80000 元的为 64 人，占 6.5%；80001—100000 元的为 138 人，占 13.9%，10 万元以上的仅占 6.5%。（见图 4 - 4）

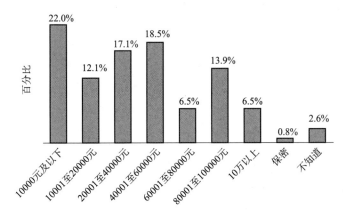

图 4 - 4　家庭年收入情况示意图（2020）（单位：元/年）

但在调查过程中，问卷调查员反映，受传统观念和保密意识的影响，不少的受访者在对这一指标进行填写时，存在抵触情绪，并有一部分受访者表示"不知道怎么填"。因此，问卷中反映的家庭年收入可能与实际收入有一定的误差，因此在后续分析时，除了采用相关性分析外，还将考虑问卷派发城市所处的经济梯次、是否外出务工等综合性指标。

第三节　媒介认知理解篇

问卷中媒介认知理解篇有 3 道大题，包含了媒介知识、媒介功能、媒介机制三个部分。

一 媒介知识

"哪些媒体是新媒体"是对受访者媒介知识的集中考察。根据相关新闻学者的定义，"新媒体"是相较于传统媒体而存在的媒介样式，因此，网络媒体及以后产生的新的媒介样式都可以被归入"新媒体"的范畴。

图4－5是按照受访者对选项的同意百分比制作的对比图。从图中可知，除"报纸、杂志"、"广播、电视"和"其他"三个选项，其他媒体样式的同意程度都超过了50%，甚至"微博、博客""微信及微信公众号""新闻客户端""短视频客户端"四个选项的同意百分比均超过了60%。其中，73.8%的受访者同意"短视频客户端（如快手、抖音）"为"新媒体"，同意度最高；而"微信及微信公众号"的同意率紧跟其后，为72.8%；之后是"微博、博客"（63.3%）和"新闻客户端"（60.9%）。

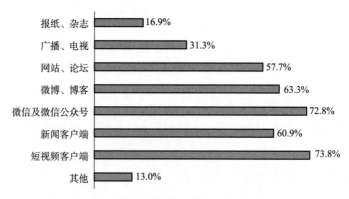

图4－5　您认为以下哪些媒体样式是新媒体（2020）（单位:%）

二 媒介功能

为了与十年前的调查比较，依旧将媒介功能总结为报道国内外新闻、宣传国家政策、监督政府和相关部门执法、传递生产和生活信息、娱乐为生活增加乐趣五项。本题依旧是按照受访者对选项的同意率进行统计和分析。

经分析，"报道国内外新闻""宣传国家政策""监督政府和相关部门执法""传递生产和生活信息""娱乐，为生活增添乐趣"五项同意率分别为 72.8%、63.90%、79.80%、77.20%、61.30%，均超过了60%。这表明，大部分人都同意媒介的这五项功能，且对"监督政府和相关部门执法"这一功能的同意程度最高，见图 4-6。

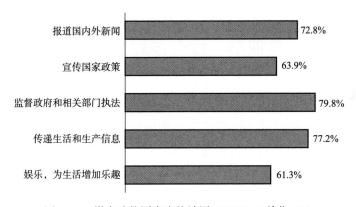

图 4-6　媒介功能同意度统计图（2020）（单位:%）

三　媒介机制

"媒体的收入从哪来"是对媒介组织运行机制的考察。传媒产业具有事业性和产业性双重属性。在以自媒体和社交媒体为代表的新媒体环境下，媒体的产业属性被激发，政府拨款已经不再是它们的主要经济来源，广告收入、流量变现已经成为目前较为主流的收入手段。

如图 4-7 所示，认为媒体收入靠"售卖所得（卖报、卖节目、流量收入）"的比例最高，占 39.2%；认为靠"广告收入"的占 26.8%，认为靠"政府拨款"的占 15.7%。也就是说，超过 60% 的受访者对媒体的经济来源和运营机制有着一定的了解，但值得注意的是，仍有18.3% 的被访者并不知道媒体的收入从哪来。

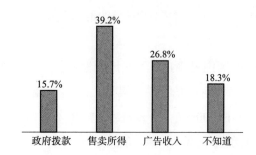

图 4 - 7　您认为报社的收入从哪来（2020）（单位：%）

第四节　媒介接触使用篇

媒介接触使用仍是本次调查的重点，因此该篇共包含 6 道大题，由媒介接触偏好、媒介使用动机、媒介使用时间、媒介使用程度、媒介信息使用满意度、媒介信息传播能力等内容。

一　媒介接触使用偏好

"您经常使用以下哪些媒介"对媒介使用偏好的集中考察。在问卷设计的过程中，考虑到近十年来媒介类型的迭代，因此将媒介类型划分为 9 种，按照受访者对该媒体的选择比来分析其对不同媒体类型的使用偏好。

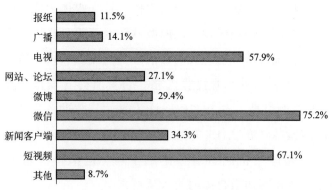

图 4 - 8　媒介接触使用偏好示意图（2020）（单位：%）

如图 4-8 所示，在对所有受访者的选择答案进行分析后发现，在以上 9 个选项中，"微信"是受访者接触使用最高的媒体类型，选择比为 75.2%；其次是"短视频"和"电视"，选择比分别为 67.1% 和 57.9%，之后为"新闻客户端"（34.3%）、"微博"（29.4%）和网站、论坛（27.1%）。相比而言，报纸、广播的选择率相对较低，分别为 11.5% 和 14.1%。

二 媒介使用动机

为了更加全面地考察媒介使用动机，笔者根据实际情况，将媒介使用目的从 4 个选项，完善为 8 项，并通过"您为什么使用这些媒体"这一问题来进行考察，按照选择比进行统计和分析。

在 992 名受访者中，65.3% 的受访者认为使用媒体的目的是"看新闻"，是同意比例最高的一个选项。61.3% 的受访者使用媒体的目的是"聊天，社交"，而 60.3% 的受访者使用媒体的目的是为了"娱乐消遣"。以上三个选项的选择率均超过 60%，这表明大部分的受访者都同意这三个选项，并认为这些选项是自己媒介接触和使用的主要动机。"网上购物""查资料"的选择比也较高，为 41.1% 和 40.7%。"工作""增加与人聊天时的话题""玩游戏"的选择比相对较低，分别为 32.3%、31.5% 和 22.2%（见图 4-9）。

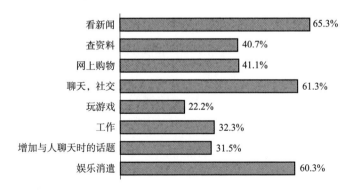

图 4-9 媒介接触使用动机示意图（2020）（单位:%）

三　媒介使用时间

为了进一步确定受访者媒介接触使用偏好，问卷中设定了"您经常在什么时间使用这些媒体"一题。通过统计分析发现，相对于白天，55.8%的受访者在晚上使用媒体，而53.4%的受访者选择"随时"使用媒体，见图4-10。

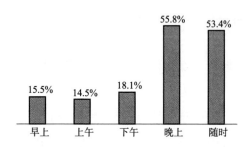

图4-10　媒介接触使用时段示意图（2020）（单位:%）

四　媒介使用程度

在对不同媒体的使用时长进行对比时，笔者依据不同的媒介终端对每天使用该终端的时长进行了统计。结果显示，在69.8%的受访者从不使用电视，62.7%的受访者从不使用广播，23.6%的受访者从不使用电视，24.6%的用户从不使用网络，仅4.2%的受访者不使用手机。从这个层面上看，受访者中报纸、广播、电视、网络、手机的使用率分别为30.2%、37.3%、76.4%、75.4%和95.8%，其中报纸、广播的使用率较低，而手机的使用率最高。

从选择比上看，受访者对报纸、广播、电视、网络的使用都以每日1小时为主，选择比分别为26.4%、30.2%、44.8%、42.7%，只有手机应用的使用时长以每日2—4小时为主，选择比为38.9%。

另外，从图4-11的柱状图可知，受访对象的平均使用报纸的时长多为每天1小时以内，而他们使用广播的平均时长多为每天1—4小时。电视和网络的使用平均时长多为每日1—6小时。而手机的使用时长最长，尽管以 1—6 小时为主，但 6 小时以上使选择比在所有媒介样式中最多，占总受访者的 8.9%。

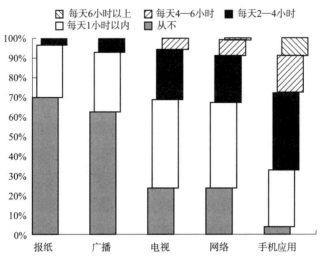

图 4-11　媒介使用时长统计图（单位：小时/天）

五　媒介使用满意度

当问及"如果需要某方面的信息，您是否能熟练地运用媒介找到"这一问题时，51.6% 的受访者表示"基本能"，37.9% 的受访者表示"能"，但仍有 10.5% 的受访者表示不能。这表明，大部分受访者对自己的媒介使用表示满意。（如图 4-12）

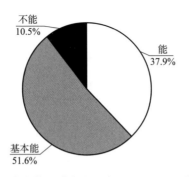

图 4-12　媒介使用满意度示意图（2020）（单位:%）

第五节　媒介批判评价篇

媒介批判评价篇共包含 4 道大题，包含媒介反思能力、媒介信任度、媒介负面信息影响等内容。

一　媒介反思能力

如图 4 - 13 所示，在人们阅读或观看了媒体的一些报道后，56.8%的受访者表示偶尔会有自己的想法，经常有自己想法的也占 34.1%，只有 9.1% 的受访者表示从来没有自己的想法。这表示近 91% 的受访者对媒介的信息都有一定的反思能力。

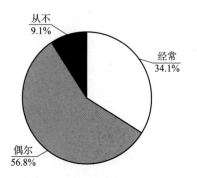

图 4 - 13　媒介反思能力示意图（2020）（单位:%）

二　媒介信任度

如图 4 - 13 所示，在对各种大众传媒传播的信息的信任度的考察中，"权威新闻客户端"的呼声最高，65.5% 的受访者认为其传播的内容可信，而紧跟其后的是电视和报纸，49.8% 和 42.5% 的用户认为其传播的内容可信。网络、微博、微信或朋友圈的信任度相对较低。但值得注意的是，有 4.4% 的受访者认为以上所有的媒体传递的信息均不可信，见图 4 - 14。

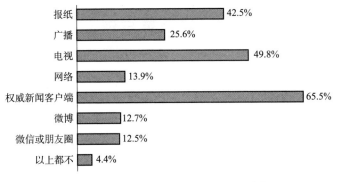

图 4 - 14　媒介信任度示意图（2020）（单位:%）

三　媒介负面信息影响

在对媒介黄色、暴力信息影响的分析中，只有少部分受访者（13.7%）认为这些信息对周围人没有影响，剩余 86.3% 的被访者认为负面信息对周围人有影响，其中 51.6% 的受访者认为，负面信息对周围人有影响，但影响不大。

在负面信息对孩子的影响层面，仅有 8.5% 的受访者认为负面信息对孩子没有影响，64.5% 的受访者则认为负面信息对孩子的影响非常大。这表明，在当前的媒介环境下，大部分的受访者已经意识到大众媒介负面信息对青少年的影响（如图 4 - 15）。

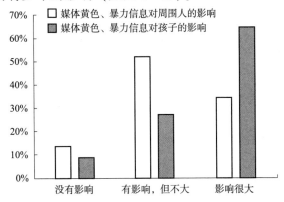

图 4 - 15　负面信息影响示意图（2020）（单位:%）

第六节 媒介参与创作篇

媒介参与创作篇共包含4道大题，主要考察受访者信息传播欲望、媒介参与的热情和媒介参与方式。

一 媒介信息传播能力

问题"在阅读和观看了媒体的一些信息后，您会主动告诉或者转发给他人吗"是对受访者媒体信息使用能力的进一步考察，主要分析受访者媒介信息传播能力。如图4－16所示，67.1%的受访者表示，在阅读和观看了媒体的信息后，会主动告诉或者转发给他人，仅有19.6%的受访者表示"不会"，也有13.3%的受访者表示"不知道"。这表明，大部分受访者在信息使用和信息传播方面是积极主动的，尤其是信息传播意愿较强烈。可以这么说，如果有适合且方便的媒介供他们使用，他们自身传播信息能力是不可小觑的。

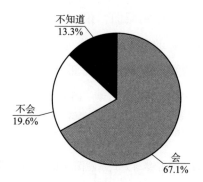

图4－16 媒介信息传播能力示意图（2020）（单位:%）

二 媒介参与热情

与信息传播能力相比，受访者的媒介参与热情略低。52.8%的受访者表示，会把握住参与媒介内容制作的机会，21.6%的受访者表示"不愿意"，25.6%的受访者对此表示迷茫，不知道自己会如何选择，见图 4 - 17。

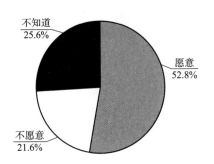

图 4 - 17　媒介参与热情示意图（2020）（单位:%）

三　媒介参与方式

值得欣慰的是，在媒介参与渠道分析中，笔者发现，当权利受到损害时，大部分的受访者都选择通过各种渠道发声。如图 4 - 18 所示，仅有 13.1% 的受访者什么都不做，即不会参与媒介互动。在愿意参加媒介互动的受访者中，向相关部门反映情况的占 60.3%，给媒体写信或者打市长热线电话的和网上写材料发布的也不在少数，分别占 10.7% 和 15.9%。

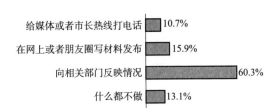

图 4 - 18　媒介参与方式示意图（2020）（单位:%）

四　媒介信息生产能力

当问及"您有没有在网上或手机上发布过自己创作的内容"时，58.1% 的受访者表示"没有"，35% 的受访者表示有过类似经历，6.9% 的受访者在媒介信息创作面前表示迷茫，见图 4 - 19。

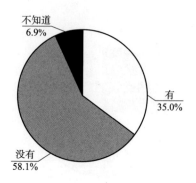

图 4 - 19　媒介信息生产能力示意图（2020）（单位:%）

　　而另一个问题"您有没有在网上或手机上针对一些事情发表过自己的评价"则是对受访者媒介评价能力的考察。仅 40.5% 的受访者表示在网上或者手机上参与过媒介信息的评价，51.4% 的受访者没有参与过信息评价，而 8.1% 的受访者表示"不知道"（如图 4 - 20）。经过与图 4 - 19 比较发现，与信息生产能力相比，受访者的信息评价能力更强一些。

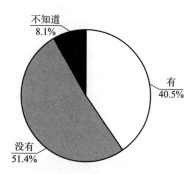

图 4 - 20　媒介信息评价能力示意图（2020）（单位:%）

第七节　调查结论

　　经过对调查结果的比对，不同的调查对象其媒介素养水平存在较大的差异，尤其是在媒介接触使用层面和媒介参与创作能力之间的差异较大。为了展示调研结果，本节将从影响农民媒介素养水平的相关因素及媒介素养包含的四个层面对调查结果进行进一步的阐释。

一　影响农民媒介素养水平的相关因素

经过筛选，笔者分别将"性别""年龄""学历""家庭年收入""是否外出务工"等变量与报纸、广播、电视、网络、手机等的使用程度做相关性分析，以确定这些变量与媒介素养水平是否存在相关性。

（一）性别

在"性别"与各种媒介使用程度的相关性分析中，性别与媒介接触使用程度依旧无显著性相关，这说明，性别对媒介素养水平的影响并不是十分显著。（如表 4 - 3）但是为了进一步验证性别对媒介素养水平的影响，笔者将男女问卷区分开来，对其媒介接触和使用时长进行统计。统计结果显示，性别对媒介接触使用水平的影响尽管并不明显，但影响依旧存在。

表 4 - 3　　性别 * 媒介使用程度相关性分析（2020）（N = 992）

	性别	
	皮尔逊相关系数 Pearson Correlation	显著性水平值 Sig.（2 - tailed）
报纸使用程度	.084	.062
广播使用程度	- .007	.877
电视使用程度	.034	.447
网络使用程度	.064	.152
手机使用程度	.048	.285

（注：* 表示在 0.05 水平相关显著，** 表示在 0.01 水平相关显著）

如下图 4 - 21 所示，尽管农村地区男性对报纸和广播的使用率低于女性，但是在电视、网络和手机媒体使用率上，较女性有一定的优势。经过进一步比对，在所有的媒介样式中，不管是在一小时以内还是在 2—4 小时的媒介接触时长内，男性的选择比都略高于女性。即便是在广播媒介的使用中，一小时内女性的选择比高于男性，但在 2—4 小时内的媒介接触时长内，女性依旧低于男性。（见表 4 - 22）这表明，在媒介接触和使用方面，尤其是对新媒体样式的接触和使用上，男性水平高于女性。

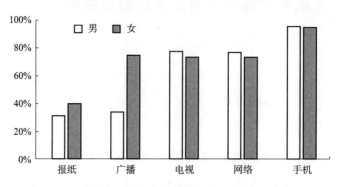

图4-21　农村地区男女各媒体使用率比较图（单位:%）

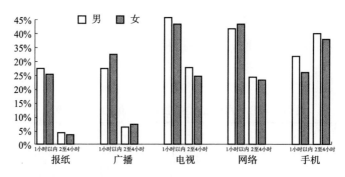

图4-22　农村地区男女各媒体时长比较图（单位：小时/天）

（二）年龄

分析表明，在"年龄"与各种媒介使用程度的相关性分析中，"年龄"与报纸、广播使用程度并没有较为显著的相关性，但与电视、网络、手机在不同程度上存在相关性。其中，"年龄"与电视的使用在0.05的水平上呈正相关，而与网络和手机的受用则在0.01水平上显著相关。

如表4-4所示，"年龄"与电视的使用程度相关系数为.100，与网络使用程度相关系数为-.335，与手机使用程度相关系数为-.195。这表明，年龄越大的人更依赖电视媒体，同时越不经常接触网络和手机。根据绝对值越趋近于1相关程度越高的原则，在网络和手机两种媒体中，年龄大的人最不常接触的是网络，相比之下手机的接触使用要稍高于网络。

表 4 - 4　　　　年龄 * 媒介使用程度相关性分析（2020）（N = 992）

	年龄	
	皮尔逊相关系数 Pearson Correlation	显著性水平值 Sig.（2 - tailed）
报纸使用程度	- .071	.057
广播使用程度	- .063	.079
电视使用程度	.100（ * ）	.013
网络使用程度	- .335（ ** ）	0
手机使用程度	- .195（ ** ）	0

（注：* 表示在 0.05 水平相关显著，** 表示在 0.01 水平相关显著）

（三）受教育程度

在"学历"与各种媒介使用程度的相关性分析中"学历"与报纸和广播的使用程度之间并没有相关性，但与电视、网络和手机的使用程度呈显著相关。

其中，学历与网络、手机的使用程度相关性最为显著，且都属于正相关，而与电视的使用程度却呈负相关。由此我们可以判定，受教育程度越低的人越经常使用电视这种媒体，越不经常使用网络、手机媒体。根据绝对值的差异，我们也可以判定，越是学历高的人越会常使用网络，见表 4 - 5。

表 4 - 5　　受教育程度 * 媒介使用程度相关性分析（2020）（N = 992）

	学历	
	皮尔逊相关系数 Pearson Correlation	显著性水平值 Sig.（2 - tailed）
报纸使用程度	.018	.341
广播使用程度	.073	.052
电视使用程度	- .115（ ** ）	.005
网络使用程度	.332（ ** ）	0
手机使用程度	.225（ ** ）	0

（注：* 表示在 0.05 水平相关显著，** 表示在 0.01 水平相关显著）

（四）家庭年收入

经济水平一直被业界学者列为影响媒介素养水平的重要因素之一。对调查结果的分析中笔者发现，尽管在填写收入时部分受访者有抵触情绪，但家庭年收入因素与媒介素养接触和使用之间的相关性的确比较显著。如表4-6所示，家庭年收入与电视、网络、手机三种媒体的使用程度有显著的相关性。其中，与网络和手机在0.01水平显著相关，与电视则在0.05水平负相关。这表明，年收入越高的家庭，越经常使用网络、手机这两种媒体，年收入越低的人越常使用电视，而家庭年收入与广播、报纸两种媒体的使用程度影响并不显著。

表4-6　　家庭收入＊媒介使用程度相关性分析（2020）（N＝979[①]）

	家庭年收入	
	皮尔逊相关系数 Pearson Correlation	显著性水平值 Sig.（2-tailed）
报纸使用程度	.032	.244
广播使用程度	.048	.152
电视使用程度	-.103（＊）	.31
网络使用程度	.164（＊＊）	0
手机使用程度	.208（＊＊）	0

（注：＊表示在0.05水平相关显著，＊＊表示在0.01水平相关显著）

为了进一步证明家庭年收入对各种媒体接触使用的影响，笔者将农村留守人员部分的有效问卷抽出，把494份有效问卷按照所属县域在全省经济排名中位置划分为三个梯次（同抽样方案中划分的三个梯次）。在2020年的调查问卷中，媒介使用时长是按照时间长短进行划分的，因此在录入SPSS时对媒介接触使用时长的选项进行了赋值编码。其中1为"从不"，2为"一小时以内"，3为"1至2小时"，4为"2至4小时"，5为"4至6小时"，6为"6小时以上"。因此，在分析三个梯次问卷中各种媒体的使用时长时，以均值作为对比依据的方法依旧可

[①] 在4-7的相关性分析中，去除了选择"不知道""保密"的26个样本。

取，均值越大，则媒介使用时间越长。在所有农村留守人员问卷中，第一梯次问卷164份，第二梯次问卷164份，第三梯次问卷166份。

由表4-7可见，三个梯次受访者各媒体的使用时长分别按照经济水平的递增也呈现出了递增的趋势，其中网络和手机的递增趋势更加明显，而报纸、广播、电视的使用时间递增差异几乎不明显。通过对比进一步表明，经济水平对媒介接触使用的影响是存在的。但在相关性分析的结果中，电视作为唯一负相关的媒体，为我们提供了一定的启示，与其他的媒体相比，收入越低的人越经常使用电视。

表4-7 不同经济水平受访者媒介使用时长均值比较（2020）（已赋值）

	报纸	广播	电视	网络	手机
第一梯次	1.17	1.29	2.09	1.73	2.76
第二梯次	1.22	1.31	2.24	1.84	2.84
第三梯次	1.4	1.56	2.28	2.02	3.06

（五）是否外出务工

随着城市经济的不断发展，外出务工成为农村剩余劳动力的首要选择。尽管从2015年以后，全国人口流动规模已经呈现缓慢下降的趋势，但截至2019年，中国外出的农民工数量超过了1.7万人，占农民工总人数的77.2%。而河南作为农业大省，外出务工的农民工数量一直位列中国前三，2019年河南省外出务工人数为1100万左右。而这些务工人员在城市里生活条件、经济条件、媒介环境明显高于农村地区，在新媒体时代，他们接触到新观念、新事物、新技术的机会也更多。因此笔者再次带着"外出务工是否对农民媒介素养水平具有一定影响"的假设，进行了相关的分析。

分析结果再次印证了笔者的预设，是否外出务工确实与电视、网络和手机的使用程度有相关性。其中与网络、手机的使用程度呈显著正相关，与电视的使用程度呈负相关。这表明，与农村留守人员相比，外出务工人员对网络和手机的接触使用要明显多于留守人员，而在电视接触和使用上却没有留守人员那么多，见表4-8。

表4－8　是否外出务工 ＊ 媒介使用程度相关性分析—2020（N＝992）

	是否外出务工	
	皮尔逊相关系数 Pearson Correlation	显著性水平值 Sig. （2－tailed）
报纸使用程度	.027	.115
广播使用程度	.174	.213
电视使用程度	－.103（＊＊）	0.004
网络使用程度	.226（＊＊）	0
手机使用程度	.557（＊＊）	0

（注：＊表示在0.05水平相关显著，＊＊表示在0.01水平相关显著）

　　这个结论同样跟外出务工人员的工作环境和生活环境有关，工作忙碌程度、生活条件限制等因素使外出务工人员没有太多接触电视的机会。但在问卷试调研的过程中，调研员同样发现，外出务工人员几乎都有智能手机，且都使用社交媒体软件。在个案访谈中，笔者也发现大部分的外出务工人员都有网吧上网、视频点播、网上购物、移动支付的经历，即便有些人觉得并不情愿但是这已经成为其在城市生活的必备条件。从基础设施和媒介技术条件上讲，城市的网络和基站建设情况要明显优于农村，因此在网络、手机接触条件方面外出务工人员更有优势。

　　综上所述，年龄、学历、家庭年收入、是否外出务工等因素，对受访者的媒介接触使用具有一定的影响，并在0.01水平呈现显著相关。由此可知，年龄、学历、经济水平、外出务工等因素对河南省乃至更大地区的农村地区有着一定的影响作用。尽管性别因素与媒介接触使用相关性并不明显，但通过进一步比对，发现其与农村地区的媒介接触使用水平也有着较大的影响作用。

　　媒介接触使用作为媒介素养水平的重要衡量标准，是媒介批判评价和媒介参与创作的前提条件。由此可推知，河南农村地区乃至于全国的农村地区，其媒介素养水平均可能受性别、年龄、学历、家庭年收入、是否外出务工等因素的影响。这也恰恰验证了笔者之前的研究假设，经济、文化、社会资本会对农民的媒介素养产生一定的影响，并导致信息沟的产生。如果想要提高农村地区的整体媒介素养水平，就要从影响因素方面下手，有针对性地进行农民的媒介素养教育。

二　媒介认知理解：整体水平较为满意，依旧
　　有进步的空间

对比受访者在媒介知识、媒介功能、媒介机制三部分的表现，大部分受访者的答案与目前的媒介现实一致。如在"哪些媒体是新媒体"一题中，超 60% 的受访者对"短视频客户端""微信及微信公众号""微博、博客""新闻客户端""短视频客户端"是"新媒体"表示赞同，这表明农村地区的人们可能在媒介接触使用时长上落后于城市，但农民在如今的媒介生存环境下对于大众媒体已经有了一定的了解和认知。

在个案访谈的过程中，调查员将"您认为媒体是为谁服务的"作为访谈的问题之一。通过访谈记录可知，84.5% 的受访者认为媒体是为党和人民服务的，但仍有 4.2% 的认为媒体是为"记者和所在单位"服务的，剩余 11.3% 的受访者则表示"不知道"。尽管大部分人的答案与媒介实际情况相符，但也有少数人对媒介的认知存在偏差。

而在对媒介功能的考察中，超过 60% 的受访者对于笔者给出的 5 个媒介功能选项表示赞同。其中，79.8% 的受访者同意媒体的功能是"监督政府和相关部门执法"，77.2% 的受访者同意媒体的功能是"传递生活和生产信息"，72.8% 的受访者同意媒体的功能是"报道国内外新闻"。这表明，受访者对于大众媒介传递信息、报道新闻的功能给予了充分的肯定，并已经意识到大众媒介的舆论监督和环境监视功能，这为更好地适应新媒体环境奠定了基础。

而关于媒介机制的考察中，39.2% 的受访者认为媒体收入靠"售卖所得（卖报、卖节目、流量收入）"，26.8% 的受访者认为是靠"广告收入"，15.7% 的受访者认为是靠"政府拨款"。从整体上看，尽管一部分受访者对于媒体售卖所得的理解略有偏差，但是对媒体的经济来

源和运营机制的理解基本是正确的。

但值得注意的是，仍有11.3%的受访者并不知道媒体是为谁服务的，有18.3%的被访者并不知道媒体的收入从哪来。这恰恰印证了第二章笔者在"知沟"理论中阐述的观点，"知沟"并不仅仅体现在城乡之间，还体现在相同地域甚至是相同社会群体的不同成员之间。有些农民个体的媒介素养觉醒较早，对媒介关注较多，其对大众媒体的功能、运行机制有了先一步的了解，但仍有一些"掉队者"，受各种条件的制约，与群体成员之前存在加大的差距。这也恰恰说明，农村地区存在着媒介素养方面的意见领袖，借助于他们的力量进行媒介素养教育，具有一定的可行性。

三　媒介接触使用：移动媒体异军突起，媒体使用差异变大

在媒介接触使用层面，手机已经超过电视并成为农村地区接触率最高的媒体，与报纸、广播、网络使用率降低的情况相比，电视成为农村地区使用频率第二的媒体。尽管大部分人都能在媒介使用中获得满足，但从媒介使用程度上来看，他们对不同媒体的使用频率和依赖程度都存在很大的差异。

（一）手机使用率居首位，媒体依赖度最高

随着信息通信技术的发展和移动终端的普及，手机已经成为公众的生活必需品。到2020年12月，中国手机上网的网民比例高达97%，手机普及率超过一人一台。对受访者媒介使用偏好的统计结果显示，在"经常使用的媒介"中，微信、短视频已经成为使用率最高的媒介样式，其中75.2%的受访者经常使用微信，67.1%的受访者经常使用微信，均超过60%。这说明，与其他的媒介样式相比，手机App已经成为农村地区首要的媒介接触手段，社交媒体和短视频等新型媒介的使用正随着手机终端的普及而增多。

媒体的使用时长结果同样印证了手机应用在农村的高使用率，受访

者的手机应用使用率高达95.8%，远超过网络的76.4%和电视的75.4%。从使用时长上看，58.1%的受访者手机应用的使用时长每天在2—6小时，甚至有8.9%的受访者手机使用时长超过6小时。这充分证明，农村地区对手机媒体和手机应用的依赖已经形成，依赖度与其他媒体相比较高。

（二）电视和网络使用依旧普遍，影响因素存在差异

通过调查结果可知，电视、网络的使用率依旧高达76.4%、75.4%。电视作为农村较为普遍的媒介接触渠道，在广播电视"村村通"和数字电视技术普及的帮助下，媒介接触使用排名仅次于手机。从接触使用的时长看，电视的使用时长多为1—6小时，且每天使用1—4小时的调查对象最多。而相关性分析结果表明，电视的接触使用行为与"年龄""学历""是否外出务工"等因素呈显著相关。经过比对，"年龄"与电视的媒介使用在0.01水平呈现正相关，而"学历"和"是否外出务工"与电视媒介的使用在0.05水平呈负相关。这说明，在河南农村地区年龄越大的人越喜欢看电视，河南以外甚至是全国农村地区学历越低的人或留守人员对电视的依赖更强。

相比较而言，网络的使用率尽管与电视相差不大，但在使用时长和影响因素方面有明显的差异。使用网络的受访中，每天使用时长超过4小时的比例明显高于电视，也就是说，受访者对网络的依赖要高于电视。在相关性分析结果中，尽管网络的接触和使用也与"年龄""学历""是否外出务工"等因素明显相关，但相关的方向却截然相反。经过比对，"年龄"与网络接触使用呈现负相关，而"学历"和"是否外出务工"与网络的使用呈正相关。因相关系数均在0.05水平上，因此可推知，在更大的农村区域内，年龄越小的人、学历越高的人、在外务工的人越常使用网络这一媒体。

这样的结论与农村地区人们的媒介使用习惯、代际差异、文化程度差异有一定的关系。20世纪90年代以来，电视终端在农村地区的普及率逐渐增高，电视已经成为农村地区接触媒介和文化信息的主要手段，

靠电视获知国家政策、收看娱乐文化类节目已经成为农村生活必不可少的一个部分。商丘市睢县董庄村（第一梯次）村民张常民表示，现在村里几乎家家都有电视，不管是白天吃饭的时候还是晚上吃完饭，打开电视已经成为习惯。家里的电脑都是孩子在用，自己害怕手机乱扣费，所以只能在家里有无线网的时候用。在"惯习"和"使用满足"的驱动下，不少的农民个体都以长期使用的、更易接触的媒介样式作为自己选择媒介接触使用的首要原因，而年龄和技术方面的弱势进一步强化了这一结果。

（三）媒体使用差异变大，新媒体冲击初步显现

随着农村移动终端数量和互联网普及率的不断提升，报纸、广播、网络甚至是电视在自媒体和社交媒体时代都不同程度上遭受了冲击。报纸、广播、网络甚至是电视的使用率分别为30.2%、37.3%、75.4%、76.4%，都远不及手机媒体95.8%的使用率，超过60%的受访者表示，从不使用报纸和广播这两种媒体。而从媒体使用时长上来看，不同的媒介样式每天的平均使用时长差异性逐渐拉开。其中，报纸、广播的平均使用时长多为每日1小时以内，而电视、网络的平均使用时长则多为每天1—4小时，只有手机的使用时长以2—6小时居多。不少的受访者表示，虽然在手机使用上存在一定的困难，但在身边人和孩子的帮助下，可以很快学会使用手机及手机应用，可以更便捷、快速地获得自己需要信息，基本可以满足日常生活的需求。

在当前的媒体时代，尽管农村地区的媒介接触和使用水平与城镇有着一定的差距，但他们的媒介接触和使用同样受到媒介环境的影响。随着报纸、广播等传统媒体的没落，其在农村地区的影响力正在变小，而移动化、实用化、便捷化的媒介样式逐渐被农民群体所青睐。这也为未来进行媒介素养教育提供了启示，媒介素养教育的重点应放在自媒体和社交媒体的媒介素养培养上。

（四）媒介使用偏好特征显著，实用化、娱乐化、碎片化趋势明显

受访者媒介接触使用动机的分析结果表明，超过60%的受访者认

为自己的媒介使用动机为"看新闻""聊天、社交"和"娱乐消遣"。而从其他选项的统计中，"查资料""网上购物"等在使用动机方面的比例都占到了40%以上。项城市新桥镇村民张辉在个人访谈中表示，平时在家看电视、玩手机较多，电视看的多的是央视的新闻和电视剧，手机上用的多的是抖音和各种视频点播软件，几乎每天晚上都看小说，偶尔打游戏。但同时他也表示，自己的父母在家习惯跟他差不多，只是父母主要靠电视来获知新闻，日常娱乐则是天天刷手机，父亲在网上搜太极拳和养生类信息，而母亲则看广场舞视频和电视剧。从"使用与满足理论"的视角来看，这一趋势符合农村地区的实际情况，实用型信息可以满足农民日常的信息需求和生活需要，而娱乐性信息可以满足他们的心理需求。

从媒体使用时间来看，尽管55.8%的受访者表示经常在晚上使用各种媒介，但是53.4%的受访者表示会随时使用各种媒介。随着手机媒体的不断普及，媒介使用碎片化的现象会越来越明显，只要有空人们随时可以打开手机访问App，实现媒介的接触和使用。外出务工人员杨利宁在个人访谈中透露，有了手机之后，她可以利用上班路上、上班间隙、吃饭时间甚至是去厕所的时间看各种信息。碎片化阅读尽管可以提高媒介使用效率，但容易导致人们媒介使用的浅表化，缺乏对媒介信息的必要的深度思考，影响媒介接触和使用的进一步效果。而农村地区的媒介使用者，由于文化水平及阅历等因素的限制，在媒介碎片化使用中被片面、肤浅内容影响的概率会更高。

四　媒介批判评价：新媒体信任度普遍不高，个人思辨能力增强

受访者媒介接触使用满意度的分析结果表明，89.5%的受访者在需要某些信息的时候可以使用媒体找到，绝大多数的受访者对自己的媒介接触使用是满意的。但媒介接触使用只是媒介素养的一个层面，在新媒体时代，不少学者都将接触媒介信息后的媒介批判思辨能力视为更加重

要的媒介素养水平指标。

（一）媒介反思能力较为满意，媒介思辨能力出色

新媒体时代，不仅媒体的传播渠道更加多样化，传播主体也更加多元化，因此对个人把关能力的要求更高。如何排除媒介环境的干扰，对信息的真实性、权威性进行有效的分析和辨识，并试图获取更全面、准确的信息，已成为时代对人们新的考验。调查中，仅有9.1%的受访者表示阅读或者观看了媒体报道后没有自己的想法，剩余90.9%的受访者均表示会"偶尔"或"经常"有自己的想法。在之后的媒介信任度调查中，有4.4%的受访者认为不管哪种媒体传递的信息均不可信，这表明大部分农村地区的人们都具有了一定的信息思考和思辨能力。

更加欣慰的是，更多的受访者注意到了媒体负面信息对青少年的影响。91.5%的受访者认为"媒体的黄色、暴力信息"对孩子有一定的影响，其中64.5%的受访者认为对孩子的影响很大。而在谈及媒体负面信息对周围人的影响时，也有86.3%的受访者认为有一定的影响。在如今的媒介环境下，尽管每个人都会遭遇信息冗余、信息偏食以及不良信息的影响，但青少年心智尚未发育成熟，其受到的影响会更大。

在媒介反思能力与"性别""年龄""学历"等因素进行相关性分析时发现，媒介反思能力与"年龄"和"学历"在一定程度上呈现正相关，这证明对媒介的有效反思与阅历和受教育程度有很大的关系。基于此，笔者认为，在进行媒介素养教育时，可以发挥家长和高知人群的作用，从家庭教育和社会教育的层面加强媒介素养教育的效果。

（二）媒介信任度普遍不高，新媒体信任度更低

调查中笔者发现，新媒体的媒介信任度较低。尽管65.5%的受访者认为"权威新闻客户端"传播的信息可信，在所有的媒介样式中处第一位，但信任"网络""微博""微信及朋友圈"的受访者都未达到15%，甚至有4.4%的受访者认为不管是传统媒体还是新媒体均不可信。宜阳县香鹿山镇黄窑村张亮在个人访谈中提到："原本对网上、微信上的信息还挺信任的，但有时事后会发现信息是假的，买的东西好多

跟图片差距很大，心里慢慢就有了防备。身边的人也会说自己被欺骗的经历，慢慢就不怎么信网上的东西了。"在个人的媒介化生存过程中，越来越多的农民通过亲身经历和他人影响，明确了拟态信息环境和现实信息环境的差别，再加上不良信息和虚假广告的影响，他们对媒介的信任度越来越低。

相较于新媒体，传统媒体往往更值得信任，49.8% 的受访者认为电视传递的信息值得信赖，而 42.5% 的受访者认为报纸报道的信息可信，25.6% 的受访者认为广播信息可信。外出务工人员张秀丽认为，网络和手机上的信息虽然更多，但难辨真假，报纸、广播、电视这些媒体虽然有点过时，但与新媒体相比更愿意相信它们（传统媒体）。究其原因，一是传统媒体长期以来形成的权威形象，让人们更易对其信任，二是与新媒体相比，传统媒体的传播者更加专业且有更高的信息传播素养。传统媒体的传播者大多专业出身，且受过一定传媒教育，受媒体规章制度和传媒人自律的约束。而新媒体的传播者素质良莠不齐，信息传播质量难把控，从而扰乱了传播秩序。

之后，笔者将媒介反思能力和各媒介信任度之间做了相关性分析，结果如表 4 -9 所示，媒介反思能力与各种媒介样式之间均呈现不同程度的负相关。这表明，媒介反思能力越高的受访者，其对各种媒介尤其是对报纸和手机媒体的信任度越低。从另一层面来说，有效的媒介反思，可以促进人们对媒介传播信息的质疑，促进媒介的思辨性、理性使用。这些都为新媒体从业人员敲响了警钟，唯有自律且真实的信息传播行为，才能赢得农民群体的媒介信任。

表 4 -9　媒介反思能力 * 媒介信任度相关性分析（2020）（N = 992）

	媒介反思能力	
	皮尔逊相关系数 Pearson Correlation	显著性水平值 Sig.（2 - tailed）
报纸信任度	- .123（ ** ）	.006
广播信任度	- .093（ * ）	.038

	媒介反思能力	
	皮尔逊相关系数 Pearson Correlation	显著性水平值 Sig.（2 – tailed）
电视信任度	– 0.061	.172
网络信任度	–.113（*）	.012
权威新闻客户端信任度	–.187（**）	0
微博信任度	–.122（**）	.006
微信或朋友圈信任度	– 0.95（*）	.034

（注：*表示在 0.05 水平相关显著，**表示在 0.01 水平相关显著）

五　媒介参与创作：信息传播热情与信息生产能力存在差距

随着社交媒体时代的来临，媒介参与和互动渠道得到了空前的扩展，公众的媒介参与更加便捷且多元。与此同时，公民意识的觉醒，促使其作为传播参与者和信息生产者的作用逐步凸显。但与高涨的传播热情相比，受访者进行信息生产的能力却不容客观。

（一）信息传播、媒介参与热情高，媒介参与渠道单一

生活水平的不断提高使新生代农民和农民工更加渴望享有和城市一样的就业机会和公共服务，更渴望能在媒介参与和创作过程中体现自身的价值。在受访者中，67.1%的受访者表示"在阅读和观看了媒体的信息后，会主动告诉或者转发给别人"。这与现阶段农民群体的心理渴望是一致的。在以短视频为代表的自媒体平台上，越来越多的农民参与其中，通过记录他们的乡村生活而获得参与感和满足感。甚至一部分先行者已经通过媒介互动和传播享受到了新媒体的红利，在满足心理和精神需求的同时，改善了生活条件。

从媒介参与方式的视角看，当自身权利受到损害时，仅有 13.1%的受访者表示会什么都不做，大部分受访者都会通过各种渠道进行维权。但值得注意的是，媒介参与的渠道仍较为单一，大部分人都选择了

"向相关部门反映情况"这一传统的解决办法，通过"媒体或市长热线电话""网上、朋友圈写材料发布"的人还不到三成。但在个人访谈中，当问及"自己权利受到损害时会怎么办"，不少受访者都表示会通过《小丽帮忙》来解决。《小丽帮忙》作为河南省农村地区收视率较高的节目，在农民群体中有很大的影响力。外出务工人员王伶俐在受访时表示，如果遇到了解决不了的事儿大家都想打电话找节目组，因为电视上看该节目能解决的问题特别多。尽管王伶俐的意见只能代表一部分人的看法，但仍说明农民群体的媒介参与意识和维权意识已经觉醒，未来媒介参与能力的提升仍有很大的空间。

（二）信息生产热情和生产能力存在落差

尽管52.8%的受访者表示，一旦有"参与媒体内容的制作"的机会将会勇敢抓住，但58.1%的受访者没有"在网上或手机上发布过自己创作的信息"的经历，51.4%的受访者没有在网上发布过评论信息。这表明，受访者的信息生产热情和信息生产行动之间存在错位。尽管他们很渴望通过媒介参与实现自身的价值，但真正付诸实践进行媒介信息生产的人却较少。

经过对个人访谈记录的整理，总结出了造成这种落差的原因：一是自己从事了信息生产而不自知，不少受访者并不明白在朋友圈、微博、短视频平台发布自己的动态就已经算是从事了媒体内容的生产，这一定程度上反映了其媒介认知层面存在的偏差。二是心理上对内容生产有排斥，要么主观上认为新媒体的门槛太高，要么认为自己不具备新媒体内容生产的水平，普遍性的观点是"转发信息容易但编辑生产信息难"。三是个体素质差异导致媒介信息生产受阻，年龄、受教育程度、上网设备、网络条件，甚至是周边环境影响等因素都会一定程度上影响受访者内容生产的热情，导致其对信息生产能力的抵触。

（三）群体内个体信息生产能力存在较大差异

与此同时，农村地区不同农民个体的信息生产能力差异也逐渐凸显，部分个体已经依靠信息生产赢利。以短视频为代表的自媒体的普及，在一定程度上弱化了农村与城市间的鸿沟，为更多人提供了平等进行媒介信息创作的机会。与大部分农民个体不同，一部分思想前卫、学习能力强的农民个体已经在自媒体内容创作方面崭露头角。2019 年 10 月发布的百家号《内容行业研究报告》显示，目前百家号平台的内容生产者已经超过 220 万人，而这些创作者中不乏丰厚粉丝基础的农民。而这仅仅是一个自媒体平台，如果加上其他的自媒体平台，目前活跃在自媒体行业内的农村地区创作者越来越多。

从信息生产素材的角度讲，农村地区的媒介信息生产有着与城市截然不同的韵味，原生态的生活、生产状态对于人们来说十分新鲜。从技术层面来讲，自媒体技术成本和创作成本较低，入门和上手较快。最主要的是，还能借助于内容生产增收，一举多得。较具代表性的是四川泸州市的村民王荣琦，他借助于一台 DV 摄像机，以"农村四哥"的账号在西瓜视频上发布自己和家人的农村生活，先后创作并发布了几百条的短视频作品，月收入远超过同村其他人。而媒体中报道较多的"鲁北自媒体村"，讲述了村民李传帅带领村内数十名农村留守妇女成立自媒体工作室的励志故事。这些妇女的整体学历不高，但在经过新媒体培训后成为"爆款"打造者，为头条号、百家号、企鹅号等自媒体平台输送内容。尽管该村的成功从一定程度上显现了农民个体在信息生产方面的差异性，但是也从侧面说明，借助先行者或意见领袖的力量，可以带动更多的农民个体参与媒介信息生产。

总体来说，经过 2020 年媒介素养调查，农村地区的媒介素养水平依旧受年龄、性别、家庭年收入、外出务工等因素的影响。尽管媒介认知水平和媒介反思思辨能力较为满意，媒介接触使用的偏好已经初步形成，但媒介参与和创作能力相对较差。随着农村地区媒介接触水平的提升，农民参与自媒体内容制作的热情逐渐被激发，由于媒介素养缺失，不少负面影响已经初步显现。如何有效筛选对自己有用的信息，有节制且高质量的使用媒介、进行媒介内容的生产已经成为迫切需要解决的问题。

第五章　农村地区媒介素养对比分析（2010—2020）

　　根据第 27 次《中国互联网状况统计报告》数据，到 2010 年年底，中国农村地区的网民人数约为 1.25 亿人，农村互联网普及率上升至 17.5%[①]。十年后，截至 2020 年年底，中国农村网民规模达 3.09 亿人，农村互联网普及率为 55.9%[②]。十年时间内，不仅农村地区的网民规模翻了一番，农村互联网普及率更是十年前的三倍多。也正是在这十年间，中国的媒介生态也经历翻天覆地的变化。社交媒体和自媒体的兴起，不仅为公众提供了更多媒介接触、使用、消费的机会，也改变了他们媒介消费行为和消费习惯，增加了他们参与媒介内容生产和互动的机遇。但技术是把双刃剑，传受边界的消失打乱了原有的传播秩序，冗余信息、不良信息导致传播环境鱼龙混杂，算法新闻带来了"信息茧房""回音壁效应"。媒介环境的改变，势必会改变农民群体的媒介接触使用习惯，导致其媒介素养水平新的变化。

　　尽管十年前后各县市的经济水平发生了相应的变化，调查县市及调查对象也发生了一定的变化，但调查结果对十年前后农村地区的媒介素养水平变化依旧有很大的参考性。带着这样的假设，笔者结合两次调查

---

① 中国互联网信息中心：第 27 次《中国互联网络发展状况统计报告》，2011 年 1 月 19 日。
② 中国互联网信息中心：第 47 次《中国互联网络发展状况统计报告》，2021 年 2 月。

结果和历年来的互联网状况统计报告进行了比较分析，并得出了一定的结论。

第一节 媒介认知理解水平有所提升，个体差异依旧明显

受媒介环境的影响，农村地区的信息接触渠道更加多元且便捷，这一方面增加了农民群体对大众传媒了解的机会，另一方面也加速了农民个体信息意识的觉醒。与十年前相比，农村地区的媒介认识理解水平较为满意，不仅媒介知识水平较高，其对媒介功能和媒介运作机制的理解大致与媒介现实相符。

一 媒介知识水平较高，但个体差异依旧存在

在两次调查中，大部分的受访者媒介知识水平都相对较高。在个人访谈中，当问及"记者是为谁说话的"和"媒体是为谁服务的"，均有超过80%的受访者认为记者和媒体是为党和人民服务的。尽管两次调查相隔十年，但受访者对中国大众媒介的社会主义新闻事业属性有着清晰的认识。而在十年后的调查中，农村地区的受访者都能对新媒体有一定的了解，超过50%的受访者认为"网站论坛""微博博客""微信及微信公众号""新闻客户端""短视频客户端"是新媒体，这与媒介现实基本相符。

但值得注意的是，十年前44.4%的受访者认为记者的权力"较大"，但十年后仅有22.1%的受访者认为记者的权力较大。证明十年间，农民群体对记者的职业期待有了一定的转变。新媒体未发展之前，广大农民对记者这一社会角色有着较高的期待，并且对其非常的尊重。但在自媒体兴起后，传受边界的消失，让记者这一职业头上的光环消失，人人都可做信息生产和传播者的情况下，记者的权力在农民群体的心中逐渐被弱化。

与此同时，我们仍应关注在媒介知识能力方面农民群体中的个人差异。不管是十年前还是十年后，都有少部分掉队者暴露其媒介知识能力水平较低的现实。2010年有10.9%的受访者表示"不知道"记者的权力大不大，近10%的受访者不知道"记者是为谁说话的"。而在十年后，有13%的受访者认为新媒体的样式为"其他"，11.3%的受访者不知道"媒体是为谁服务的"。这表明，尽管十年间媒介环境激变下媒介样式得到了空前的发展，仍有少部分农民个体在媒介知识层面被甩在了时代的后面。

二　对媒介功能了解清晰，监督功能更受关注

1959年美国传播学者赖特在拉斯韦尔"三功能说"的基础上，将大众媒介的社会功能进行了拓展，认为监视环境、解释与规定、社会化及提供娱乐为大众媒介的主要社会功能。[①] 随着媒介样式的丰富和移动终端的普及，媒介在公众生活中的作用越来越明显，而公众对大众媒介功能的认识也越来越清晰。

在两次调查中，绝大多数的受访者同意了问卷中报道新闻、宣传政策、监督执法、传递信息、娱乐这五项功能。但通过对数据的进一步比对发现，2010年对媒介功能同意度最高的选项为"宣传国家的政策"，而在2020年同意度最高的选项为"监督政府和相关部门执法"。这充分表明农民群体对媒介社会功能的认识有了一定的转变，在十年后他们更加关注媒介对社会事务的监督功能。农民群体对大众媒介信息传递、舆论监督功能的关注，体现了其公民意识的觉醒和对媒体功能的清晰认知。这同时证明，媒介化生存经验不仅可以提高农民群体的媒介认知和理解能力，还能一定程度上促进其民主参与意识的觉醒，提高其对公共事务的关注和参与。

---

① 郭庆光：《传播学教程》，中国人民大学出版社2004年版，第114页。

三　媒介机制的认知水平下降，新媒体机制的认知存在偏差

媒介运作机制作为媒介认知和理解的关键，在两次调查中也存在较大的差异。十年前，笔者重点考察的是人们对纸质媒介运营机制的了解，因为在当时纸质媒介在农村地区的影响力更大，信任度最高（该结论由预调查阶段得知）。十年后，笔者重点考察的是受访者对经常使用的媒体的运营机制的理解，尽管两次调查重点有一定的差异，但是也能从一定程度上反映农村地区对媒介机制理解上的变化。

通过图 5 - 1 可知，在对媒介机制的理解中，认为媒体的收入靠"政府拨款"的同意度从 19.1％下降到了 15.7％，越来越多农民个体已经认识到政府拨款不再是媒体主要的收入来源。同样呈下降趋势的还有"广告收入"，在 2010 年超过半数的人认为报纸的主要收入来源为广告，但是十年后有近 40％的受访者认为媒体的收入来自于"售卖所得"即卖报、买节目、流量收入。造成这样差别的主要原因在于，农民群体的媒介接触和消费行为发生了很大的改变，十年后的调查中提到媒体首先想到的是自媒体和社交媒体等新媒体样式。

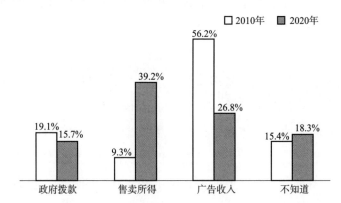

图 5 - 1　媒介收入来源同意度对比图（2010—2020）（单位：%）

事实上是，尽管目前媒介样式空前丰富，其售卖所得也仅仅是其收入中很小的一部分。但自媒体和社交媒体依旧如此，其流量变现的主要

方式依旧是靠广告，也就是说自媒体和社交媒体的主要盈利手段依旧是广告收入。外出务工人员高军在填写问卷时指出，以前他一直认为媒体主要是靠售卖产品来赚钱，但是现在他存在很大的疑惑，并不知道自媒体都是靠什么赚钱。尤其在短视频平台普及后，身边人告诉他可以靠刷视频赚钱，他就更疑惑了。在个人访谈过程中，像高军这样的受访者不在少数，他们对于"分享经济""流量变现"等自媒体行业的相关术语并不了解，对自媒体和社交媒体的了解也是不甚清晰。

　　这从一定程度上反映了农民群体在新媒体运营机制方面知识的匮乏，直接导致其对媒介运营机制认识上的偏差。而对比中，"不知道"媒体收入从哪儿来的比例从 15.4% 上升到了 18.3%，进一步印证了新媒体时代农民群体对新媒体运营机制的疑惑。这表明，在当前的媒介环境下，农民群体急需补充新媒体类的媒介知识，其在媒介认知和理解水平方面还有较大的提升空间。

第二节　媒介接触使用动机有明显变化，媒介使用　　　　　质量仍令人担忧

　　近年来，在国家"网络扶贫"和"数字乡村"战略的推动下，农村的媒介接触使用条件已经得到了极大的改善。随着乡村信息基础设施建设全面升级，乡村广播电视网络基本实现全覆盖，截至 2019 年年底，中国农村广播节目的综合人口覆盖率已达 98.8%，农村电视类节目综合人口覆盖率甚至达到了 99.2%。与此同时，全国行政村通光纤和通4G 比例均超过 98%，完全可以保障农村地区群众的上网需求。加上手机终端的不断普及和国家"提速降价"等政策的推动，农民群体的媒介接触和使用更加便捷且廉价。因此，随着时间的推移，在媒介环境和国家政策等因素的影响下，农村地区的媒介接触使用偏好、使用质量都发生了较大的变化。

一　媒介使用偏好从电视向移动新媒体转变

在 2010 年的调查中，电视是农村地区受访者接触和使用最多的媒体，其次是手机和网络。十年后，受媒介环境的影响，受访者接触使用最多的是手机媒体，微信和短视频的使用率均超过了 70%，其次是电视媒体。进入 21 世纪以后，网络媒体作为新媒体的代表，较大地冲击了原有的媒介生态，报纸、广播、电视等传统媒体的影响力逐渐减弱。但受使用习惯、接触终端等条件的限制，农村地区的媒介接触仍以电视为主。之后尽管农村地区的网络普及率在逐渐地攀升，但是在 IPTV 等数字技术的助力下，电视在农村地区的影响力一直持续到目前。

在移动媒体到来之后，手机应用快速取代了其他媒体在公众生活中的地位。图 5 - 2 是根据 2010 年至 2020 年的《中国互联网状况统计报告》统计而得出的十年间中国手机网民规模及手机上网比重。由图可知，中国手机上网用户从 2010 年的 3.02 亿增加到了 2020 年的 9.86 亿，十年间增长了 3 倍多。而手机上网所占的比例也由 2010 年的 66.2% 上升到了 99.7%。这充分说明了中国网民对媒介使用终端的偏好发生了较大的改变，手机已经成为人们生活的一部分。

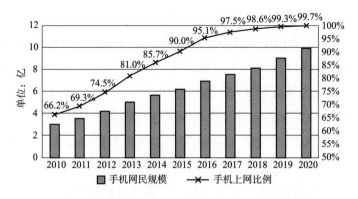

图 5 - 2　手机网民规模与手机上网比例示意图（2010—2020）[1]

----

[1]　数据来源：第 25 至 47 次《中国互联网状况统计报告》

2010 年，中国网民手机上网的比例为 66.2%，在当时的受访者中拥有手机终端的比例为 89.2%，但仅有 18.7% 的被访者有订阅手机报，这表明尽管手机终端的拥有率很高，但是能熟练使用其功能并上网的农民个体并不多。但在十年后，随着网民手机上网比例的攀升，调查对象手机媒体的使用率高达 95.8%，几乎所有的受访者都拥有手机，并且大部分可以用来上网。这证明，目前手机已经成为农村地区主要的媒介接触渠道。基于此，笔者预测，随着手机终端的进一步普及，农村地区的媒介接触和使用逐渐向手机媒体过渡，包括电视在内的传统媒体和网络媒体在农民媒介接触和使用中的比例将会越来越低。

二　不同媒体的使用差异加剧

在 2010 年的调查中，电视和网络是受访者使用最多、最频繁的两种媒体。其中，电视的使用频率接近每天 1 次，平均每天使用时长为1.97 小时；网络的使用频次为每 2 天一次，平均每天使用时长为近 1 小时。当时报纸和广播的使用频次和时长已经明显降低，使用频率为每 3 天一次和每 5 天一次。

十年后，传统媒体甚至是网络媒体的使用率都大幅降低，超过 6 成的受访者不再使用报纸和广播。而电视作为农村地区少有的使用率较高的媒体，与十年前相比，其平均每天的使用时长也远不如手机媒体。通过对比，2020 年受访者电视媒体的使用时长以 1—4 小时为主，网络媒体的使用情况与电视媒体大致相同，而手机应用的使用时长以 2—6 小时为主，明显超越了其他的媒体样式。这表明，在媒介环境变迁的影响下，为了更好地满足自身日常信息需求，更多的农民个体开始接触新媒体，其对手机的依赖度正在逐渐增强。

三　手机沉迷趋势逐渐显现

调查中，移动媒体的使用时长明显增多，手机沉迷的趋势开始凸显。66.9%的受访者手机使用时长超过了 2 小时，其中 38.9%的受访者手机的使用时长在 2—4 小时，19.2%的受访者手机使用时长为 4—6 小时，44 位受访者其手机的使用时长超过 6 小时。尽管受访者对网络媒体的使用时长也呈现了类似的趋势，但远没有手机媒体明显。公众在使用媒介的过程中，对移动媒介的依赖逐渐增强，沉迷上瘾甚至病态使用案例屡见不鲜。

美国学者保罗·莱文森的提出的"媒介补偿理论"认为，"任何新媒介的产生都可以看作是对此前旧媒介缺陷的一种补偿"①。正因为这种新的补偿，人们对媒介的依赖才会潜移默化地加深，形成一个依托该媒介进行社交生活和日常生活的自我。自电视媒体出现以后，有关媒介沉迷的讨论就越来越多。在网络媒体时代，青少年"网瘾"问题使公众都看到了媒介沉迷的危害。手机媒体的产生和普及，弥补了以往媒介终端无法移动、不能随时使用的缺憾，因而使得媒介沉迷的现象更加突出。

在媒介工具沉迷阶段，人们对媒介产生工具性的崇拜，沉迷于媒介工具性的最大化，通过对媒介信息的使用消费和传播生产来满足自身对信息和传播愿望的满足。而在媒介文本沉迷阶段，人们深深陷入文字、音频、视频等传播符号不能自拔，深陷媒介创造的虚拟世界。这两种类型的沉迷在手机媒体阶段趋势更加明显，媒介体验参与的增多让人们沉迷于游戏和社交生活，很多青少年开始陷入偶像崇拜类沉迷。短视频App 流行后，人们的媒介沉迷已经达到了极致，这种媒介沉迷已经超越了年龄、性别、学历、地域，正在成为人们的日常生活。

相比于城镇地区，农村地区的居民对媒介信息的需求更强，其对媒介的工具性崇拜也就更多。与此同时，作为弱势群体，其陷入媒介沉迷的可能性也更大。调查中笔者也发现，短视频 App 对农村地区的影响要远比对城镇的影响更大，受访者 67.1%的短视频使用率也恰恰印证

---

① ［美］保罗·莱文森：《手机：挡不住的呼唤》，何道宽译，中国人民大学出版社 2004 年版，第 10 页。

了这一点。而屡见不鲜的青少年手机沉迷案例进一步强化了手机沉迷的危害。外出务工人员张金矿在受访中表示，自己每天手机的使用时间一般是在 4 小时以上，使用最多的手机应用是快手，一看就停不下来，完全忘了时间。不仅他如此，他在老家的父母和孩子也都是快手的痴迷者，他的女儿不仅跟着老人们看，出门只要别人在看都忍不住凑上前去，连吃饭时候都要开着快手边刷边吃，快手上爆款视频的主题曲都能熟练唱出来。

彭兰教授在其《社会化媒体时代的三种媒介素养及其关系》一文中指出，社交媒体时代的媒介使用素养与其他时代不同，不仅表现为对新技术的接触和掌握，还应包含对新媒体合理、合法且有节制的使用。[1] 手机沉迷不仅让农民沉迷于工具和文本符号，还让其沉迷于媒介使用带来的精神愉悦，正是其媒介素养缺失的新体现。与此同时，农村地区的留守青少年大多缺少家长的指导，媒介沉迷使其沉浸于媒介使用的满足感，丧失了对现实的关注和思考，加上不良信息所带来的精神污染，对其人生观和价值观的形成十分不利。但遏制媒介沉迷是个系统工程，针对农村的媒介素养教育体系的建立或成为解决这一问题的必经之路。

四　媒介使用时间由集中至碎片化

媒介使用时间偏好是确定媒介消费习惯较好的一种方法，不仅可以使媒介信息传播更加精准，也可以使媒介广告的投放更加有效。2010年调查显示，受访者的媒介使用时间多为中午和晚上，且以晚上使用媒体的次数最多，时间也更长。一方面，农村地区的媒介使用时间受农民生产生活的影响，只有在中午和晚上闲下时候才有时间进行媒介接触和使用。另一方面，当时农村地区接触使用以电视媒体为主，其接触和使

---

① 彭兰：《社会化媒体时代的三种媒介素养及其关系》，《上海师范大学学报（哲学社会科学版）》2013 年第 3 期，第 54 页。

用受媒介终端的影响较大，电视终端大多安装在农民家中，因此必须回家才能实现媒体接触和使用。

而在2020年的调查中，尽管55.8%的受访者的媒介使用时间为晚上，但随时使用媒介的比例也高达53.4%。这与手机媒体的普及和移动技术的发展也有很大的关联，手机终端的使用不再受设备、场所和移动信号的影响，人们完全可以根据自己的空余的碎片化时间进行媒介接触。在农村地区，人们只要拥有一部手机，就可以随时随地实现移动上网，极大地方便了人们的媒介接触，提高媒介的使用效率。但正如上一章所阐述，尽管媒体的碎片化使用并非一定会导致浅表化阅读，但显而易见的是，快速、短时间的碎片化阅读一定会让人们丧失对媒介信息的必要思考，导致媒介使用和消费的浅表化，使拟态环境对用户的影响更加明显。

五　媒介使用动机依旧以实用性为主

在2010年的调查中，人们的媒介使用动机中"获取生产生活信息"和"表达感情，娱乐身心"的同意度最高，同时获取国内外新闻的同意度也不低。在当时的媒介环境下，媒介使用的实用性成为影响人们媒介使用的主要因素。马斯洛的需求理论指出，人的需求最低层次为生理需求，只有在生存需求得到满足的基础上，才会有更深层的需求。在当时的经济条件下，许多的农村地区仍未脱贫，他们对媒介信息的需求相对旺盛，但仅限于与自身生产生活相关的信息，以改善其生活条件和调剂心情。"使用与满足"理论认为，人们接触媒介的动机往往是基于自身的基本需求，比如信息需求、娱乐需求、社交需求及心理需求等，而大众媒介的传播内容或多或少都会迎合人们的这些需求。这也恰恰可以解释，农民群体在通过对实用性媒介信息的使用，来满足其对生产和当时生活的需求。

而在十年后，尽管受访者的使用动机可能更加复杂，但实用性依旧是人们媒介接触和消费所考虑的主要因素。超过60%的受访者使用媒体是为了"看新闻""聊天、社交"以及"娱乐消遣"，用媒体"查资料""网上购物"的受访者比例也超过了40%。这表明，除了日常信息需求以外，以"网上购物""聊天、社交"等为目的的媒介接触和使用行为已经成为人们日常生活的一部分。

自2013年起，中国已连续八年成为全球最大的网络零售市场。单2020年一年，中国的网上零售总额已经达到了11.7万亿元，其中实物商品网上零售额在社会消费品零售总额中的占比高达24.9%。与此同时，网络支付用户的规模也大幅攀升，使用网络支付的用户已经超过8.54亿，占中国网民总数的86.4%。而第47次《中国互联网发展状况统计报告》数据显示，中国网民用户规模增加最明显的三类应用分别是短视频、网络支付和网络购物，增长率分别为12.9%、11.2%、10.2%，这三类应用无一不与人们的日常生活息息相关。这些实用性应用的普及，从侧面上也增加了人们接触和使用手机媒体的机会，提高了媒介接触和使用的质量。

六　媒介使用娱乐化趋势明显

在全球消费主义浪潮的大背景下，消费主义文化正在试图将所有的文化体验与商品化链接，媒介文化也不可避免。但媒介娱乐化的根本原因在于媒介的市场化发展，从媒介生存背景上来看，一个全球化的商业传媒市场正在形成。在市场经济环境下，大众媒介的产业化属性开始凸显，媒介除了要考虑社会效应外，必须考虑其在媒介市场的生存和发展问题。在此背景下，大众传媒会更加关注自身的市场化运营，注重传播内容的商业价值。媒介消费者和大众传媒是传媒市场上的买卖主体，如果想要赢得更多的使用和消费行为，大众媒介就必须将消费者的需求融入媒介内容的生产和流通过程。学者德弗乐在《大众传播通论》一书中指出，要想让媒介产品更畅销，最快速也最可靠的办法就是娱乐。也就是说，媒介娱乐化的根本原因在于，人们在媒介消费中的娱乐化需求。① 米切尔·J. 沃尔夫在《娱乐经济——传媒力量优化生活》一书中也持相同观点，他认为娱乐是拨动消费者心弦的利器之一，没有娱乐就没有经济。② 随着娱乐因素在诸多行业的渗透，人们的媒介接触和使用中不可避免要遭遇娱乐化的影响。

随着移动技术的发展和人们生活水平的提高，在娱乐方面的需求逐渐增加。公众在进行媒介产品消费时，只要投入很小的成本，就可以在大众媒介的娱乐化内容中寻找精神慰藉。在 2010 年以来的《中国互联网发展状况统计报告》中，游戏类 App 应用在国内 App 总数中所占的比例一直位居前三名。截至 2020 年 12 月，游戏类 App 数量达 88.7 万款，所占的比例为 25.7%，远超过日常工具类、电子商务类和生活服务类 App 数量。美国学者波兹曼在《娱乐至死》一书中认为，"娱乐"已赢取我们这个时代"元媒介"的地位，问题不在于媒介传播的娱乐性内容，而在于所有的媒介内容都正以娱乐的方式得以表现。他甚至指出，与人们日常生活相关的行业和领域都正在潜移默化且心甘情愿地成为娱乐的附庸，人类已经成为一个娱乐至死的物种。③

自电视媒体以来，中外学者对"媒介娱乐化"的担忧和批判就一直没有停止。目前仍在荧幕上活跃的综艺类节目、游戏类节目、娱乐"真人秀"节目都是代表性的娱乐性媒介产品。在大量的娱乐性消费中，人们的生活压力被释放，也恰恰是这种麻痹功能让人们在不知不觉中沉迷其中，甚至有可能将娱乐过程中的幻象误以为现实，丧失了批判力和思考力。

随着媒介市场化程度的增高，农民群体在媒介接触和使用上的娱乐化趋势也越来越明显。2010 年，受访者在媒介使用动机的选择中，"表

---

① ［美］梅尔文·L·德费勒、埃井雷特·E·丹尼斯：《大众传播通论》，颜建军、于怡红、张跃宏、刘道文译，华夏出版社 1989 年版。

② ［美］米切尔·J. 沃尔夫：《娱乐经济——传媒力量优化生活》，黄光伟、邓盛华译，光明日报出版社 2001 年版，第 64 页。

③ ［美］尼尔·波兹曼：《娱乐至死》，章艳译，中信出版社 2015 年版，第 101—105 页。

达情感、娱乐身心"同意度最高。而在接触并使用过网络媒体的311名受访者中，娱乐（聊天、玩游戏）仍是人们使用网络的主要目的，而高质量互联网使用只占网络使用的很小一部分。而在十年后，这种情况依旧明显，超过六成的受访者使用媒体的目的是为了"娱乐消遣"。

进入社交媒体和自媒体时代后，农民群体在媒介使用和消费中的娱乐化趋势在以短视频为代表的自媒体平台普及后更加明显。截至2020年12月，中国的短视频用户人数为8.73亿，占全体网民总数的88.3%。在调查中笔者也发现，67.1%的受访者已经有接触和使用短视频。但在个人访谈记录中，笔者发现大部分受访者的短视频使用动机依旧停留在泛娱乐层面，关注的内容多为搞笑类视频，而且绝大多数受访者分不清楚短视频平台内原创内容和广告之间的区别。与此同时，笔者发现短视频在农村特别是青少年人群中极受欢迎，但由于缺乏合理的监管，短视频质量良莠不齐，许多恶俗低趣味、恶作剧和自虐视频拥有很高的点击量。这些内容对农村青少年的价值观的建立十分不利，但却在算法推送之下通过内容的聚合将传播的负面影响进一步扩大。

由此可见，尽管媒介使用和消费的娱乐化可以满足大众释放压力、放松心情的需求，但势必也有反效果。人们在大量的幻象性媒介产品的娱乐化消费中，丧失了作为社会人的思考能力。在娱乐化的冲击下，即便是一些严肃类内容，公众也会习惯从娱乐的视角去分析，丧失了作为社会人基本的批判和思考能力。同时，不少的媒介产品打着寓教于乐的幌子，事实上粗制滥造、品味低俗，导致媒体内容品位的降低。为了迎合公众对娱乐的迫切需求，大众传媒不断加大传播内容中的娱乐比例，并以刺激公众视听感官的方式进行制作，背离了媒体的大众传播功能，使得媒体的公信力受到质疑。

七　媒介使用满意度明显提升

随着媒介接触和使用习惯的建立，媒介使用的满意度也明显地提升。当被问及"如果需要某方面的信息，是否能熟练运用媒体找到"

时，十年前后均有超过60%的受访者表示"能"和"基本能"，但通过具体数据的比较可知，农民群体的媒介使用满意度有了较大的提升。

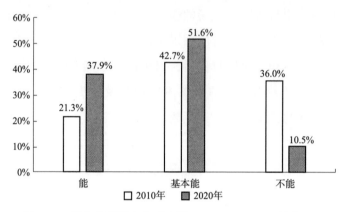

图5-3　媒介使用满意度对比图（2010—2020）（单位:%）

由图5-3可知，"能"通过媒体熟练找到自己信息的受访者比例从2010年的21.3%提升到了37.9%，"基本能"通过媒介找到自己需要信息的受访者比例从42.7%提升到了51.6%，两者提升的比例都在10%左右。而"不能"通过媒体找到自己需要信息的受访者比例则从36%下降到了10.5%。这充分说明，在媒介样式不断丰富的十年间，媒介环境的变化和媒介技术的革新让更多的农民群体在媒介使用中可以方便且自如地获取自己需要的媒介信息，在媒介接触和使用上取得了很大的进步。

综上所述，从整体上看，十年间农民的媒介接触和使用水平有了很大的提升，他们不仅对媒介变化的感知更加敏锐，对新兴媒介样式的接受和适应能力也更强，对媒介信息的使用和消费更加自如，甚至有少部分的先行者，已经成为媒介内容生产的佼佼者。但同时我们也应发现，农村地区的媒介使用偏好已经发生了较大的改变，不管是在媒体类型、使用时间，还是消费偏好上都有了不小的转变。与此同时，我们也应更加关注媒介接触和使用方面的掉队者，通过适当的方式对他们进行帮扶，提高农民群体整体的媒介接触和使用水平及质量。

第三节　媒介批判评价能力下降，媒介信任回归传统、官方媒体

对媒介信息的思辨性、批判性分析能力一直是媒介素养较为重要的方面，也是引起研究者们关注媒介素养的开端。社交媒体和自媒体时代，传播主体的多元化和传播渠道的多样化，让公众的媒介生存环境更加复杂，对信息真实性、权威性的辨别和对信息批判性解读和分析的能力已经成为现阶段公众信息消费的必要素质。

一　媒介反思能力有所下降

如图5-4所示，人们的媒介反思能力在十年间有了一定的下降。在"阅读或观看了媒体的一些报道后"，"经常"有自己想法的受访者比例从36.7%下降到了34.1%，而"偶尔"有自己想法的受访者比例也从57.1%下降到了56.8%，"从不"进行反思的受访者比例却从6.2%上升到了9.1%。一方面新媒体时代对公众的媒介批判和辨识能力有了更高的要求；另一方面农民群体的媒介反思能力整体下降，这样的现状着实令人担忧。

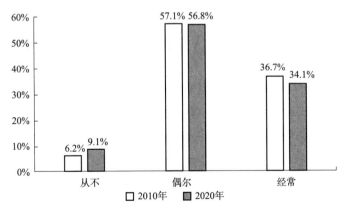

图5-4　媒介反思能力对比图（2010—2020）（单位：%）

无可厚非，这样的现状恰好与上一节媒介使用中的偏好有着一定

的联系。随着新媒体的发展，公众被更加直观和感性的图片、视频和声音所信息，人们不需要高度的理性和复杂的逻辑思考，就可以在娱乐化信息中释放自我，以更加轻松和自由的姿态个性化获取媒介信息，以情绪、智力、体力及精神刺激和愉悦实现其社会价值感。马尔库塞在《单向度的人》一书中提出，在现代工业社会单向度的人丧失了合理批判社会现实的能力。在娱乐化和个性化的媒介消费中，公众已经习惯于大众媒介替他们进行思考，进而丧失了对信息的批判和思考能力。与此同时，媒介环境的嘈杂无序，也为公众的媒介反思能力带来了新的阻碍，增加媒介反思难度的同时，降低了他们的媒介反思积极性。[①]

但笔者认为，造成农民反思能力下降的原因可能是复杂的，除了媒介环境的影响外，农民自身在知识、阅历等方面的因素也会制约他们反思能力。农民群体本身受教育程度不高，他们中的大多数对媒体有着很高的技术崇拜，进而对媒介信息的依赖性相对就较高。在娱乐化浪潮的冲击下，农民群体在媒介接触中纵情娱乐，进一步放松了对媒介信息负面影响的警惕性，这将直接导致其媒介反思能力的降低。

二　媒介信任朝传统、官方媒体倾斜

由于十年前农村地区的媒介接触使用主要媒体为电视，因而在报纸、广播、电视、网络四种媒体的信任度中，电视及其传播的信息信任度最高。报纸、广播次之，网络信任度最低。在当年的个人访谈中，一部分受访者表示与新媒体相比，他们宁愿相信传统媒体长期形成的权威性；也有一部分的受访者指出，传统媒体的媒介信息已经播出或印刷无法修改，因而他们更信任。但也有极少数的受访者表示，因为对新技术和新媒体的排斥，拒绝信任网络媒体的一切信息。但我们也应该看到，网络媒体改变了传受的边界，降低了信息传播者的门槛，因此网络信息

---

① ［美］赫伯特·马尔库塞：《单向度的人——发达工业社会意识形态研究》，刘继译，上海译文出版社 2014 年版。

的传播过程更加复杂且不可控，缺乏把关下的网络媒体其信任度必然不高。

值得思考地是，十年后人们对媒介的信任程度更低了。在所有的信息传播渠道中，对任何媒介样式都不信任的人占4.4%，选择相信网络、微博、微信等媒体的受访者均不足20%。而在诸多的手机媒体应用中，65.5%的受访者认为"权威新闻客户端"发布的信息更加可信。与其他自媒体应用不同的是，仍有超过40%的受访者选对报纸和电视的信息有着较高的信任度。

这一结果与广州市社会科学院岭南文化研究中心公布的调查结果一致。该调查结果显示，在疫情之后，人们对电视、报纸等传统官方媒体发布的消息的信任度最高（作为最信任的信息来源的比例为68.2%）；其次为各大知名网站报道的消息（占比14.2%），对各种自媒体发布的消息的信任度大多比较低，信任个人微博、微信转发的消息的比例仅为4.4%[①]。这表明在自媒体时代，公众对传统、官方主流媒体的信任度在提升，而对于自媒体的信任正在进一步下降。尽管人们对传受边界的消失欢欣鼓舞，但已经意识到用户创造内容背景下信息传播行为的随意性，媒介信任开始朝传统和权威主流媒体回归。

三 媒介批判能力较为稳定

尽管媒介反思能力有一定下降，但受访者对于媒介负面信息的影响却都有着清晰的认识。2010年调查中，超过90%的受访者认为媒体负面信息对周围人和孩子有一定的影响。但是与成人相比，他们普遍认为媒体负面信息对孩子的影响更大。十年后，86.3%的受访者认为媒介负面信息对周围人有一定的影响，而91.1%的受访者都意识到了负面信息对孩子的影响，其中64.5%的受访者认为媒介的不良信息对孩子的

[①] 广州日报客户端：《最新调查：传统官方媒体作为消息来源受信任度最高》，https：//www.gzdaily.cn/site2/pad/content/2020 – 10/30/content_1409503.html，2020年10月30日。

影响很大。这表明，不管是十年前还是十年后，人们对媒介负面信息的批判意识一直存在。

1997 年，卜卫在其发表的《论媒介教育的意义、内容和方法》一文中提出，媒介素养教育的目标为：建立对信息批判的反应模式；发展关于大众媒介的思想，帮助青少年形成对媒介性质和功能的正确认识；提高对负面信息的觉醒能力；培养建设性地使用大众媒介的能力。在之后的研究中，她指出，媒介教育的目标并不仅仅是培养简单的批判技能，而是建立人的批判性思维和行动的能力。[1] 在这里，批判性思维并不是以为戴着有色眼镜去批评媒体，而是一种对媒介信息和媒介制度的理性反思和分析，最终目的是为了获得批判的自主权。这表明，媒介批判能力已经成为人们媒介化生存的必备技能。

作为弱势群体，农民和青少年的媒介素养尤其是媒介批判能力一直是学界关注的焦点。在卜卫的论文中，家长和教师是青少年媒介素养培养的关键。尽管目前农民群体已经普遍有了一定的媒介批判意识，但是家长和教师媒介素养的局限导致他们无法为农村的青少年提供有效的帮助，直接影响下一代的媒介素养水平，这也使得农村地区的媒介素养教育更加必要。

第四节　媒介参与方式空前扩展，但参与质量有待提升

随着技术的不断发展，参与式媒介作为一个崭新的名词进入公众的视野。所谓的参与式媒介从技术层面上可以进行多对多的信息传播，并通过众多的人参与赋予媒介价值和权力。最标志性的参与式媒介即为社交媒体和手机媒体，这些媒介样式不仅给公众参与媒介信息生产和传播提供了机会，也大大降低了媒介参与的门槛，极大丰富了公众与媒介之间的互动渠道和方式。但与空前高涨的媒介参与热情相比，媒介参与的

---

① 卜卫：《论媒介教育的意义、内容和方法》，《现代传播》1997 年第 1 期，第 29—30 页。

质量却难以令人满意。

一 媒介参与热情大幅提升

在两次调查中，为了考察受访者的媒介参与热情，笔者分别设定了"生活中一些事情和想法会通过媒体表达吗"和"如果可以参与媒体内容的制作，您愿意参与吗"两个问题，通过对结果的比对，由图 5－5 可知，与十年前相比，受访者的媒介参与热情有了大幅的提升。一是愿意进行媒介参与的受访者增长了近 40%，二是不愿意或者不会进行媒介参与的受访者比例也有大幅的下降，这样的趋势与媒介环境的变化也有着较大的联系。

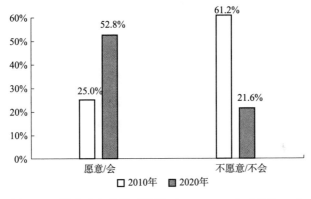

图 5－5　媒介参与热情对比图（2010—2020）（单位:%）

早在 1967 年，美国学者 J. A. 巴隆就在《对报刊的参与权利》中指出，应充分保障受众参与并使用大众传媒的权利。[①] 直到 20 世纪 70 年代，日本的传播学界对公众的媒介参与进行了大规模的研究和讨论，并在一些媒介样式上进行了实践，这个理论被人称为是"社会参与论"。社会参与论主张大众媒介是公众的，不是精英阶层和少数人的工具，公民不单是媒介信息的接受者，也应成为媒介信息的参与者、传播者。在当时，研究者们已经注意到，随着时代的发展公众已经不再满足

[①]　郭庆光:《传播学教程》，中国人民大学出版社 2004 年版，第 179 页。

消极充当一名接受者，他们渴望参与传统媒体的制作和演播的愿望正在增长。同时他们认为，媒介参与不仅是公众表达权的体现，且可以通过亲身参与更好地形成观点。到了 80 年代后，中国广播电视界开始接受了"社会参与论"的观点，并在具体的业务流程中践行。

在网络媒体发展的推动下，涌现出了许多全新的媒介互动样式，人类正式进入了参与式媒介时代，并诞生出了参与式文化。在美国传播学家詹金斯的眼中，参与式文化是基于 Web 2.0 技术而产生的一种新型文化，它以全体网民为主体，以身份认同为前提，鼓励用户积极主动地创作传播内容、媒介文本，也鼓励其进行网络社交，目的是为了营造出一种自由、平等、公开、包容、共享的文化氛围，这就是参与式文化。[1]尽管参与式文化是基于网络技术而提出的，但在自媒体和社交媒体得到了进一步的发展和强化。

在参与式文化的影响下，越来越多的公众媒介参与意识觉醒，再加上参与媒体的技术门槛被降低，全民参与信息生产和传播的热情空前高涨。农民群体与其他群体相比，更渴望借助于媒介参与获得群体认同和身份认同，并希望借助公平的媒介接触、媒介参与的机会展示自己生活改变现状。因此，他们在有机会进行媒介参与时，会更加主动且积极，这样的趋势也在短视频平台的使用上获得了验证。在全国 832 个贫困县，每 5 个人里面就有 1 个是快手的活跃用户，越来越多的农民群体开始为别人点赞、打赏、转发实现媒介参与，随手记录生活点滴的习惯已经形成。

二 媒介参与方式更多元且务实

自 Web 2.0 技术推动下，以博客和社交网站为代表的网络虚拟社区将媒体的交互性发挥到了极致，被称为参与式媒介。这些媒介样式的特点是，公众不再是单纯的信息接受者，也是信息的生产者和传播者。从

---

① 周荣庭、管华骥：《参与式文化：一种全新的媒介文化样式》，《新闻爱好者》2010 年第 12 期，第 16 页。

20 世纪 80 年代开始，我国的各类媒体都开始尝试让公众参与媒介互动，从最初的热线电话、新闻线人，到如今的转发、评论、点赞甚至是发布，在参与式媒介背景下，公众的媒介参与方式不仅更加多元且更加有效。

　　由图 5－6 可知，十年间权利受到损害时"什么都不做"的受访者比例明显下降，这表明十年后公众的维权意识有大幅的提升。但从维权的方式看，人们选择媒介进行维权的比例正在下降。十年前人们更加喜欢通过写信、打热线电话、发短信等媒介进行维权，而十年后在遇到问题时却更倾向于向相关部门反映情况。外出务工人员张伟峰在个人访谈中透露，近几年政府部门的政务公开和便民服务做得非常好，网络便民服务网点和举报投诉电话在网上都可以查得到，办事效率也很高，办事非常方便。除非遇到解决不了的事情，否则都不会想要在网上或者手机上通过媒体发声。这表明，目前公众在媒介参与中除了考虑便利性因素外，还会基于时效性和实用性去考虑媒介参与的直接效果，对媒介参与的质量正在逐步提升。

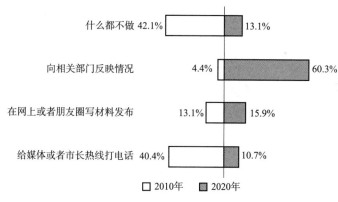

图 5－6　媒介参与方式对比图（2010—2020）（单位：%）

三　媒介信息传播、生产能力有待提升

　　尽管媒介环境对媒介信息参与和生产十分有利，公众媒介参与的热情也较为高涨，但与媒介信息传播和生产能力却存在较大的反差。当问及"在媒体上获得了某些重要的信息后，您会主动告诉或者转发给他

人"时，人们的传播意愿明显有了一定的下降。会主动进行信息传播的受访者比例下降超过 10%，而不会主动进行信息传播的受访者比例也有了小幅的增长，甚至连不知道自己会不会进行传播的受访者比例也有了一定的提升。（见图 5 - 7）

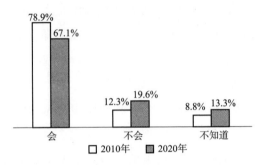

图 5 - 7　媒介信息传播意愿对比图（2010—2020，单位：%）

在两次调查中，媒介参与意愿和媒介参与行为之间的反差是一直存在的。这表明，农民群体在媒介参与的呼声虽然很高，但在实际行动时却并不积极。尤其是十年后，不管是信息传播能力和意愿甚至开始走下坡路。而与信息传播能力相比，信息的生产能力也难以令人满意。在 2020 年的调查中，在网上或手机上发表过评论的受访者仅占 40.5%，51.4% 的受访者没有发布原创内容的经历。而媒介原创信息的生产能力则更差，在网上或手机上发表过个人创作的内容的受访者仅占 35%，近六成的受访者没有发布原创内容的经历。

相信这样的现状不仅在农村地区存在，在城市地区也同样显著。人们在媒介使用和消费的过程中，大多仅停留在浅表阅读和消费阶段，缺乏参与媒介信息互动和生产的积极性。在如今的媒介环境中，媒介在空间上的偏倚决定了农民群体和经营阶层在媒介话语权和媒介参与权上的差异，但如果一味停滞不前，只会让群体间的媒介偏倚愈演愈烈。要想从根本上解决这一问题，还要从农民个体出发，通过媒介素养教育激发他们媒介参与、传播和生产的热情。

但与此同时，我们也应注意到媒介参与制作质量的问题。在参与式媒介和社交媒体的背景下，公众可以在公共话语空间内传播个性化的信息和言论，但也正是这种传播机制导致传播主体素质良莠不齐，信息环境也更加鱼龙混杂。如何负起对自己创作或再传播的内容的责任，已经成为时代对媒介参与制作能力新的要求。每个个体既要对自己传播信息的真实性负责，还要对传播内容的社会影响进行评估，避免对其他人的利益或社会公共利益造成侵害。

第五节　影响媒介素养水平的相关因素有明显变化

在第四章的研究假设中，笔者提到，经过了十年的变化，影响农村地区媒介素养水平的因素发生了一定的变化。在对影响媒介素养水平的相关因素进行探讨时，因十年前后调查对象发生了变化，因而无法将年份作为自变量或协变量对调查结果进行相关或回归分析，但研究结果在一定程度上依旧反映了影响媒介素养的相关因素的变化。尽管年龄、受教育程度、家庭年收入、是否外出务工等因素在十年前后对媒介接触和使用水平的影响依旧明显，但在具体的相关的正负方向、相关程度方面都有了一定的变化。

一　性别对媒介素养水平的影响存在但不明显

有关媒介与性别的研究由来已久，但在 1995 年以后才逐渐引起传播学者们的关注。在社会性别理论的影响下，不少学者开始试图解释媒介和性别之间的联系，并探索性别对媒介接触行为的影响。比如，在媒介信息的选择接触中，男性更喜欢新闻性较强的信息和产品，而女性则更喜欢娱乐属性较多的信息和产品。他们将这一结论归因为中国传统性别观念和文化水平。自古以来，男性在社会地位和思维方式方面有天然的优势，使他们成为信息优先享有者，而女性则反之。

随着社会环境的发展，女性社会参与意识的觉醒，男性和女性在社会地位上的差异逐渐减小。再加上媒介技术的进步给予所有公众更加公平的媒介接触和使用机会，男性和女性在媒介接触和使用上的差异也逐渐缩小。也就是说，社交媒体和自媒体时代，在媒介接触和使用上男性和女性享有着公平的机会，这在一定程度上降低了性别因素对媒介素养水平的影响。

尽管在相关分析和回归分析中，性别对媒介素养水平各个方面影响都不显著。但不可否认，性别在媒介信息的使用偏好上依旧存在着较大的差异。女性在媒介信息使用和消费中以感性为主，而男性则以理性为主。在十年前后的个人访谈中，农村地区的男性和女性媒介信息的使用偏好的确有较大的不同。在媒介信息的使用上，女性以软新闻和娱乐信息为主，而男性则以硬新闻和实用性信息为主。而在媒介消费层面上，女性群体受虚假广告或不良信息影响的比例高达 76% 以上，明显比男性更高。在对视频等媒介信息的使用上，性别差异则更加明显。男性以短视频为主，而女性则以长视频（电视剧、综艺娱乐）为主，关注的内容上女性以美妆、搞笑、美食类为主，而男性则以游戏、搞笑和生活类为主。在国内学者马超对四川省域居民的大样本调查中也显示，不同性别的受访者在媒介接触渠道、信息关注类型、媒介使用动机和媒介可信度评价等方面都存在显著差异。① 这表明，社会性别对媒介素养水平的影响尽管不明显，但依旧存在。

值得注意的是，不管是城市地区的居民还是农村地区的居民，并未意识到社会性别对媒介素养水平的影响，因而导致了男女媒介素养水平之间的显著差异。笔者认为，要想消弭男女媒介素养的差异，在媒介素养教育层面不仅要引入社会性别的相关概念和表现，还应重视对女性后天媒介使用习惯的培养，以差异化的媒介素养教育方式，减弱性别对媒介素养水平的影响。

---

① 马超：《"男女有别"：媒介接触、媒介信任与媒介素养的性别差异——来自四川省域居民的实证调查》，《山东女子学院学报》2019 年第 6 期，第 39—41 页。

二　年龄对媒介素养水平的影响逐渐凸显

毫无疑问，数字化技术的普及给年轻人带来了巨大的生活便利，但由于不同年龄人们的媒介接触使用水平不同，信息传播的代际鸿沟越来越明显。正如彭兰教授所说，那些被强行推上"跑道"的老年人与年轻人之间的距离越来越大，代际鸿沟正成为数字鸿沟的主要形式。[①] 而在农村地区，代际鸿沟的影响力也较为明显。

尽管年龄对媒介素养水平具有的影响已经引起人们的重视，但年龄对媒介接触使用的具体影响维度却鲜少被提及。为了研究年龄对不同媒介的使用偏好是否有影响、显著程度如何等问题，笔者分别将电视、网络、手机的使用程度作为因变量，将年龄作为自变量，对其进行相关分析。

由表 5-1、表 5-2、表 5-3 所示，电视使用程度与年龄之间并不相关，但网络使用程度和手机使用程度与年龄之间的显著程度属负向强相关，但从显著程度来看，网络媒体受年龄因素的影响更大，也就是说年龄越大的人越不常使用网络媒体。而十年后，尽管被访对象发生了变化，但呈现的结果有一定的相似性，但也有差异。

表 5-1　　　　　电视使用程度 * 年龄回归分析（2010）

模型	系数[a]（网络使用程度）				
	非标准化系数		标准系数	t	Sig.
	B	标准误差	试用版		
年龄	0.022	0.047	0.031	0.465	0.643

表 5-2　　　　　网络使用程度 * 年龄回归分析（2010）

模型	系数[a]（网络使用程度）				
	非标准化系数		标准系数	t	Sig.
	B	标准误差	试用版		
年龄	-.467	.063	-.389	-7.478	.000

[①] 彭兰：《"健康码"与老年人的数字化生存》，《现代视听》2020 年第 6 期。

表 5 – 3　　　　　　　　手机使用程度 * 年龄回归分析（2010）

模型	系数ª（手机使用程度）				
	非标准化系数		标准系数	t	Sig.
	B	标准误差	试用版		
年龄	− 0.208	0.07	− 0.193	− 2.95	0.003

由表 5 – 4、表 5 – 5、表 5 – 6 所示，电视使用程度与年龄之间相关性较十年前增强，相关性分析显示，在 0.05 水平上显著正相关。而网络使用程度和手机使用程度与年龄之间依旧呈现显著负向相关，显著程度上依旧是网络媒体受年龄因素的影响更大。回归分析的结果，与相关性分析的结果大致趋同，这表明不管是十年前还是十年后，在新媒体接触和使用上，年龄越大的人越不占优势，农村地区的代际鸿沟已经十分明显。

表 5 – 4　　　　　　　　电视使用程度 * 年龄回归分析（2020）

模型	系数ª（网络使用程度）				
	非标准化系数		标准系数	t	Sig.
	B	标准误差	试用版		
年龄	0.037	0.032	0.059	1.141	0.254

表 5 – 5　　　　　　　　网络使用程度 * 年龄回归分析（2020）

模型	系数ª（网络使用程度）				
	非标准化系数		标准系数	t	Sig.
	B	标准误差	试用版		
年龄	− 0.155	0.033	− 0.224	− 4.703	0

表 5 – 6　　　　　　　　手机使用程度 * 年龄回归分析（2020）

模型	系数ª（手机使用程度）				
	非标准化系数		标准系数	t	Sig.
	B	标准误差	试用版		
年龄	− 0.083	0.038	− 0.11	− 2.202	0.028

在移动技术的推动下，媒介信息接触和使用的跨地域、跨性别、跨学历、跨社会群体、跨代际趋势已经非常明显。在这样的态势下，人们普遍认为代际数字鸿沟会有一定程度的消弭。但事实却是，随着数字技术的深入发展，公众个人偏好和群体特征不同，导致媒介接触和使用的代际鸿沟更加明显。而代际鸿沟也不再以两代人作为标准的代际区分年限，代际年限逐渐缩短的态势也日渐显现，每个年龄段的群体都将会有一定的代际隔阂和传播鸿沟。这意味着，年龄对媒介素养水平的影响还将普遍存在，针对不同年龄层的差异化媒介素养教育亟待进行。

三　学历水平直接影响媒介使用质量

如果说性别和年龄影响了农村地区的媒介接触和使用水平，那么学历水平则与他们的使用质量息息相关。学历高的人群在媒介接触和使用上有着天然的优势，他们主动接触媒介并利用媒介信息为自身服务的意愿往往更加强烈。在大量的媒介接触和使用体验中，他们批判反思能力形成的速度也远高于学历较低的人群。

通过第三章和第四章的研究结论可知，在农村地区，学历或受教育程度与媒介接触使用之间的相关性始终较强。在 2010 年，学历与报纸、网络使用程度有较强的正相关。而在 2020 年，学历与网络、手机的使用程度显著正相关，而与电视的使用程度则呈现显著的负相关。这样的结果与调查当时的媒介环境有着很大的关系，而回归分析进一步强化了这一结论。

从表 5－7、表 5－8 可知，2010 年报纸和网络分别作为深度媒介信息和新媒体的代表，其使用程度与受教育程度呈现了强正相关。这表明学历较高的人群不仅在媒介技术的掌握上有一定的优势，他们在媒介权威、深度信息的接触上也有一定的追求。

表5-7　　　　　　报纸使用程度 * 受教育程度回归分析（2010）

系数ᵃ（报纸使用程度）				
模型	非标准化系数		标准系数	t	Sig.
	B	标准误差	试用版		
受教育程度	0.093	0.02	0.286	4.58	0

表5-8　　　　　　网络使用程度 * 受教育程度回归分析（2010）

系数ᵃ（网络使用程度）				
模型	非标准化系数		标准系数	t	Sig.
	B	标准误差	试用版		
受教育程度	0.115	0.022	0.277	5.311	0

　　而2020年的调查结果显示，尽管网络使用程度与受教育程度之间依旧呈现强正相关，但与报纸使用程度相关度已经不再显著。手机使用程度与受教育程度呈现正向强相关，但电视使用程度与受教育程度之间则呈现出了负向的强相关。这势必与十年前后农村地区的媒介环境有着很大的关系，高学历的人群在生活和工作环境中往往将电视媒体的功能转嫁于手机的视频类应用，但低学历人群更加倾向于已经形成接触习惯的电视终端，见表5-9、表5-10、表5-11。

表5-9　　　　　　报纸使用程度 * 受教育程度回归分析（2020）

系数ᵃ（电视使用程度）				
模型	非标准化系数		标准系数	t	Sig.
	B	标准误差	试用版		
受教育程度	-0.077	0.046	-0.086	-1.679	0.094

表5-10　　　　　　网络使用程度 * 受教育程度回归分析（2020）

系数ᵃ（网络使用程度）				
模型	非标准化系数		标准系数	t	Sig.
	B	标准误差	试用版		
受教育程度	0.216	0.046	0.222	4.648	0

表 5 - 11　　　　　**手机使用程度 * 受教育程度回归分析（2020）**

模型	系数a（手机使用程度）				
	非标准化系数		标准系数	t	Sig.
	B	标准误差	试用版		
受教育程度	0.182	0.053	0.171	3.41	0.001

通过个人访谈发现，学历较高的受访者其思维更加活跃，受小农意识的束缚较少，在内容选择偏好上倾向于选择实用性较强的信息，期望通过高质量的信息接触来实现改变自身现状的愿望。而低学历人群往往安于现状，渴望打破已有习惯的观念很弱。一旦年龄和学历因素叠加，其对媒介素养水平的影响则更大，因而相同地域不同群体之间的媒介素养差异也开始形成，最终将直接导致不同群体间媒介使用质量的差异。

四　环境因素对媒介素养水平的影响始终存在

从经济学的角度来讲，媒介产品具有一定的价值，因而其具有商品的属性。在媒介商业化浪潮中，媒介产品已经形成了内容市场和广告市场两大消费市场。

而媒介信息接触和使用作为媒介消费的重要环节，不可能不受到经济、文化、社会等环境因素的影响，它与精神文化消费、物质消费和经济水平之间有着非常紧密的联系。经济水平高了，物质消费和精神文化需求会相应提高，进而提升物质消费和精神文化消费的水平。

研究显示，随着人均 GDP 的提升和恩格尔系数的降低，文化消费占个人消费的比例将会有一定的提升。媒介消费作为文化消费的一部分，势必会受人均 GDP 和恩格尔系数等经济学指标的影响。在调查中，我们发现，家庭年收入与各种媒体尤其是新媒体样式的使用有着很强相关性。2010 年，家庭年收入与报纸、网络、手机三种媒体的使用程度有显著的相关性，且均呈现正相关。而 2020 年，家庭年收入与网络和手机的使用程度呈现显著正相关，与电视则在 0.05 水平负相关。不难看出，经济水平越高的人群，在网络和手机媒体的使用上更占优势，但经济水平较低的人群则更依赖电视。而不同梯次县市的受访者在媒介接触和使用水平上的差异也印证了经济环境对媒介素养水平的影响。

2021 年 CNNIC 公布的第 47 次《互联网发展报告》指出，中国的非网民依旧以农村地区居民为主，除了上网技能、文化水平、年龄等原因外，设备不足依旧是非网民不上网的主要原因，13.3% 的非网民未接触网络的原因是没有上网设备。而在同时公布的数据中，"提供无障碍可以上网的设备"成为了促进非网民上网的三大因素之一。① 笔者认为除了媒体终端外，网络和手机应用的使用，还要依托上网硬件设施、上网资费等与经济水平密切相关的其他因素，因而在经济欠发达的农村地区，经济水平依旧是影响媒介素养水平的重要因素之一。

社会环境的变化对农村地区的媒介素养影响也很大。除了媒介环境的影响外，调查中是否外出务工对农民群体的媒介素养水平影响较大。2010 年，是否外出务工与报纸、电视、网络的使用程度有显著的相关性，其中与报纸、网络的使用程度呈正相关，与电视的使用程度呈负相关。2020 年，是否外出务工确实与电视、网络和手机的使用程度有显著相关性，其中与网络、手机的使用程度呈显著正相关，与电视的使用程度呈负相关。这表明，工作环境对媒介接触和使用水平有较大的影响，与农村留守人员相比，外出务工人员对网络和手机的接触使用要明显多于留守人员，而在电视接触和商用上却没有留守人员那么多。

除了工作环境以外，生活环境对媒介素养水平的影响也非常大。在个人访谈记录中笔者发现，如果受访者身边有媒体接触使用的先行者或者有较好的新媒体使用的群体环境，其媒介接触水平将会有大幅的提升。汝州市庙下镇居民邵玉芳在个人访谈中表示，自己家里安装宽带是受周围居民的影响，看到了大家使用电脑的便利后，就也想效仿。同时，她指出自己最早使用手机上网是受到自己女儿的影响，在女儿的帮助下她学会了使用微信等社交软件，之后学会了移动支付，并会主动向不会使用手机聊天和支付的人传授经验。而访谈中有类似经历和类似想

___

① 中国互联网信息中心：第 47 次《中国互联网络发展状况统计报告》，2021 年 2 月。

法的受访者不在少数，除了媒介接触和使用外，当遭遇了不良信息之后，他们也会主动跟身边的人讲述，避免他们有类似的经历。

这表明，农村地区的媒介素养水平同时还受地域环境、群体环境、家庭环境等因素的影响。在媒介的接触使用、批判参与层面上，农村地区同样存在着意见领袖，借助于先行者或探索者的力量，可以实现小范围媒介素养水平的整体提升。这也为未来的媒介素养教育提出了新的思路，通过多级传播的力量实现媒介素养的精准化、针对性教育，是媒介素养教育值得探索的新途径。

总结来说，受媒介环境和社会环境的影响，十年前后农村地区的媒介素养水平有了一定的提升。不仅媒介认知理解水平有所提升，媒介接触和使用水平与城市之间的差异也逐渐缩小，媒介批判反思能力和媒介参与创作能力也稳中有升。但我们也应看到，农村地区的媒介素养水平与城市地区依旧存在一定的差距，不管在任何层面上都有不少的掉队者，媒介接触使用的质量不高、媒介参与行动能力不强的问题依旧存在。尽管随着时间的变迁，人们的媒介使用偏好发生了一定的变化，但影响媒介素养水平的因素大致是一致的。随着移动终端普及率的提高，媒介接触使用受地域、代际、学历、收入等变量的影响也可能发生较大的变化。因此，要想提高农村地区的媒介素养水平，需要根据农村地区的实际情况，对农民群体进行有针对性的帮扶和教育，最大限度消弭城乡之间的数字鸿沟。

第六章　提升农村地区媒介素养水平的对策

随着媒介产业化步伐的推进，我国的媒介环境发生了激变，媒介信息和媒介产品异常丰富。但在全球化的趋势下，与国外相比我国公民的媒介水平仍欠满意。特别是在中国城乡二次元的格局下，农民的媒介素颜现状令人忧心。要想提高全体国民的媒介素养水平，必须着力提升农民群体的媒介素养水平。但媒介素养作为一种"软实力"，其提升并不是一个部门的责任，也不是短时间内能完成的，需要政府、媒体、社会团体及农民个体团结协作，在较长的时间内共同努力完成。

第一节　政府：提供政策支持，提供媒介素养教育环境

在国家乡村振兴战略的带动下，农民的生活条件和生活环境得到了较大的改善，尤其在90后"新农人"出现后，他们渴望通过知识和信息改变自身处境的愿望越来越强烈。但长期以来，由于农民市场媒介消费较低，而媒体在产业化的进程中往往更关注市场利益，针对农民群体的信息供给长期不足。传播学的"知沟理论"指出，随着媒介信息技术的不断发展，缩小"信息沟"必须从"硬件"和"软件"两个方面入手。我国的新闻事业具有政治和产业双重属性，政府、政策在很大程度上对传媒生态系统的整体平衡起着制约作用。因此，要想平衡农村的信息生态，提升农民的媒介素养现状，作为"硬件支持"的政府决不能缺席。

一　增强政策引导，调控农村信息传播和服务

政府的政策指引和调控是"硬件"支持的集中体现。基于中国城乡二元经济结构的特点，城市和农村发展不均衡的情况不仅体现在经济发展和基础设施上，还体现在政策和信息源头上。以城市发展为目标的各项政策，从源头上导致了城乡各种资源分布的不均。而在政策和产业属性的引导下，媒体都将城市作为了传播的主要区域，因此不管是涉农媒体数量还是媒体中涉农信息的比例都不高，直接导致了城乡信息传播的不均衡。因此，对农村地区进行适当的政策倾斜，不仅可以为农村地区的媒介接触使用提供基础，还将适当改变城乡信息传播的现状。

（一）制定政策，保障城乡涉农信息传播平衡

基于媒体产业的驱动，经济收益决定其发展方向及价值取向。因而，不管从媒介产品消费的角度还是从广告商的角度，主流媒体都会将"主流受众"（主要的媒介产品消费者和核心广告消费者）作为其主要的服务目标。而作为社会弱势群体的农民，其媒介消费能力差，消费话语权、管理话语权和知识话语权都远不如精英阶层有竞争力。再加上中国农村地域广大，基础设施和交通设施相对不便，想要传播涉农信息需要花费的成本远高于城市，更削弱了其对农村信息传播的积极性。

受媒体区域性分布和媒体产业属性的影响，不管是涉农媒体的数量还是涉农信息传播质量上都不尽人意。而随着时代的发展，一大批以合作社、农场主为代表的"新农人"的出现，改变了农村的受众画像。他们有知识、有能力，亟需了解最新、最快、最前沿的农业信息技术知识，也渴望通过互联网了解农业培训等信息，却由于媒介传播渠道有限、对农信息不对称等原因，导致自身的需求不能被满足。

尽管 2019 年数字乡村报告指出，目前中国涉农网站的数量和质量都在不断提升，[①] 但城乡信息传播渠道数量和质量的差距却是几何倍

---

① 农业农村信息华专家咨询委员会：《中国数字乡村发展报告（2019 年）》，2019 年 11 月。

的。2019 年，农业农村部的新版门户网站上线运行后，每日平均点击量超过了 300 万次，而全国信息联播栏目的年点击量也超过了 3 亿次，这证明农村地区对涉农信息的需求非常旺盛。但通过对涉农自媒体的检索，农业类自媒体不管是在数量还是在运营质量上都差强人意。尽管相关的涉农自媒体运营者已经成功实现了抱团取暖，但传播效果与城市媒体相比还有很大的差距。

目前，要想改变媒体产业化的趋势或者改变传媒只关注经济利益的现状是不现实的。要想在媒介环境中存活，就得考虑经济和市场收益。因此，笔者认为，在经济利益和社会效应的平衡中，政府应该发挥积极的作用，以政策给大众传媒以明确的导向，对传媒信息的传播给予指导，扭转以"城市为中心"的信息传播生态，保障三农信息在媒介市场上占有足够的份额。尽管不少的媒体已经在考虑向广大的农村市场进军，但大多因农村市场的回报率低而放弃。因此，政府部门可以逐步扶持涉农信息传播平台或对已有媒介平台进行适当的补贴，并每年对媒体中优秀的涉农报道给予一定的奖励，一方面可为媒体的涉农报道指明方向，另一方面也可以调动媒体对农村市场的积极性。

（二）借助政策对农村地区的信息终端设备进行补贴

2007 年 12 月起，为了改善城乡差距，山东、河南、四川、青岛三省一市成为中国家电下乡的试点，对电视、冰箱、手机三个电子产品类别的销售价格给予财政资金的直接补贴，补贴比例达 13%。借助于这项补贴政策，农村地区、偏远地区和经济水平欠发达地区的人们享受了巨大的实惠。与此同时，电视、手机等媒介使用终端在农村地区的普及率也有了较大的攀升。2009 年 2 月 1 日起，电脑进入家电下乡政策补贴目录，借助于家乡下乡的契机，地方政府和相关部门成功让更多的农民用上了电脑，从一定程度上促进了农村地区网络终端设备的普及，保证了农民群体在媒介接触上拥有相同的机会。

在笔者 2010 年的调查结果显示，被调查者之所以没有接触网络，家里没电脑、不会用电脑是受访者没接触过网络的主要原因。可见，上网设备依旧是影响农村地区媒介使用水平的主要因素。随着十多年的变化，尽管中国的互联网普及率已经远超过全球平均水平，但在 2021 年 CNNIC 公布的第 47 次《中国互联网发展状况统计报告》中，非网民不上网的主要原因仍是"没有电脑等上网设备"。在统计数据中，"提供无障碍可以上网的设备"在非网民中的呼声较高，成为促进非网民上网的三大因素之一。[①]

2020 年"新冠疫情"期间，应急广播体系在疫情防控中发挥了独特的作用，为了构建农村疫情防控"安全网"，在已经落实中央财政资金支持的 400 多个深度贫困县中，国家对 32042 个符合条件的行政村综合文化中心广播器材配置进行了补助。对应急广播系统的建设，不仅为疫情防控政策和知识提供了宣传的平台，更为未来乡村地区的广播媒介接触提供了设备基础。

随着移动信息技术的发展，中国已进入移动媒体时代。不管是城市还是农村，手机已经成为人们媒介接触和使用的主要的媒介。截至 2020 年年底，中国手机上网用户规模为 9.89 亿，网民使用手机设备上网的比例高达 97%，手机普及率超过一人一台。在"新冠疫情"期间，移动上网终端的重要性进一步凸显。缺少手机或者手机不能上网的居民，不仅不能获得健康码，也不能进行各大车站、商场等健康二维码的扫描，这对于农村地区尤其是年龄较大的居民来说，无疑非常不便。这表明，在自媒体时代，手机上网终端已经不再仅仅影响人们的媒介接触使用水平，还将直接影响他们的日常出行和生活。

因此，笔者认为，除了进一步加强对农村其他媒介接触终端设备的补贴外，应进一步加强对农村地区智能手机终端普及的重视，利用"家电下乡"类似的政策，对农村地区的智能手机销售实行限价或者补贴政策，以政策倾斜的方式促进农村移动媒体终端的占有率。

（三）对农民群体的媒介使用成本实行优惠。

2010 年 4 月，《中国农村互联网发展状况调查报告》数据显示，中

---

① 中国互联网信息中心：第 47 次《中国互联网发展状况统计报告》，2021 年 2 月。

国农村地区的网民人数首次突破了 1 亿人。但从互联网普及率的历年数据来看，当时互联网普及率在城乡之间的发展差距也正逐渐加大。而导致农村互联网增速放缓的主要原因在于"农村地区网络基础知识匮乏，对互联网的认知存在偏差"、"农村互联网相关基础设施薄弱，公共上网资源匮乏"、"农村上网成本相对于农民收入水平仍较高"。由此可见，除了基础设施和媒介认知外，上网成本是制约农民上网的主要原因。

这与笔者在 2010 年进行的调查结果相一致。在个人访谈中笔者发现，2010 年广大的农民都靠自己安装卫星接收设备（农村俗称"大锅"）来收看电视，花钱安装有线电视的受访者非常少。对于普通收入水平的农村家庭来说，100 多元的有线电视费是家庭一笔不大也不小的开支，他们宁愿少看几个台也要使用自己购置卫星接收设备。尽管当时数字电视已经崭露头角，但他们却鲜少知道，直接导致农村家庭信息接收受限。而在 2010 年如果想要上网，在宽带或者移动网络铺设的情况下，可能还需要购置台式机、笔记本或手机等终端，每年需要支付 200 至 300 左右的宽带费或超过 500 元的手机话费，这无疑增加了农民的经济负担。

不仅如此，拥有手机的农民群体也因为费用原因不愿意订阅手机报或者手机上网。河南省汝州市纸坊乡纸北村村民杨守义在访谈时表示，家里也能买得起电脑，但是不经常用，只有孩子们回来的周末或者假期才能利用起来，所以安了宽带一个月交那么多钱不划算。身边有手机的人也知道有手机报，但是就为了每天看个新闻一个月花 3 块钱，很多人都不愿意。加上手机上网需要"流量"，"流量"就是钱，而且很贵，所以同龄人都很少在手机上上网。想要改变这种意识，就需要政府出台政策对媒体的使用成本进行优惠，这是最直接也最有效的"硬件"支持手段。

随着数字技术的发展和国家对信息使用成本的重视，有线电视费用和宽带使用费用已经有了较大的降幅。2015 年 5 月国务院常务会部署确定了"加快建设高速宽带网络、促进提速降费"的措施，要求电信企业发布提速降费的方案，在城市平均宽带接入速率提升 40% 以上的同时降费，并鼓励流量不清零和流量转赠服务。值得注意的是，在措施中特别提出要"推进光纤到户和宽带乡村工程"。之后，中国移动、中国联通、中国电信纷纷提出了"提速降费"的方案。截至 2015 年年底中国移动流量资费同比下降 35% 以上；中国电信流量资费下降 30%，宽带免费提速；中国联通宽带年资费降低了 1300 元，并承诺实现移动流量单价降低 20% 以上。在 2016 年年初工信部的总结中，中国三大运营商在固定宽带、移动流量平均资费方面的降幅分别超过了 50% 和 39%。

在之后的几年，"提速降费"成为历年政府工作报告的重要议题。2018 年我国政府工作报告再次重申了提速降费，要求在 2018 年内取消流量"漫游"费，并要求移动资费年内再降低至少三成，且要明显降低宽带费用。2018 年 6 月 22 日，中国移动、中国联通、中国电信三大运营商均宣布，自 2018 年 7 月 1 日起取消流量漫游费，省内流量全面升级为国内流量。这些政策的实施，大大降低了农村地区居民的上网费用，为农民和外出务工人员带来的福音。

正是借助于以上这些政策，截至 2020 年年底，中国农村网民规模上升为 3.06 亿，农村互联网普及率也达到了 55.9%。但作为非网民主要聚集区域，农村地区的媒介接触条件仍不理想。在 2020 年笔者进行的新一轮个人访谈中，不少农村受访者表示，尽管他们的经济水平可以支付日常上网的开销，但在手机上网时主要的阻力在于"流量不敢乱用，流量费太贵"。这表明，国家"提速降费"政策仍有进一步实施的必要，而对农村地区尤其是经济落后或偏远农村地区的扶持政策仍应持续。专门针对农村地区居民的媒介使用或信息使用价格优惠政策有望出台，这可以较大程度减弱农民在媒介接触使用时经济因素的影响，提高提高农民的媒介接触水平和使用水平。

二　提高农民收入，增加媒介消费

布尔迪厄在其资本类型理论中提出，经济资本对文化、社会等其他资本具有明显的决定作用。① 由于各种原因，农村地区的居民在经济资本的占有量上不占优势，根据资本类型理论，他们在文化资本、社会资本等方面的劣势相应的更加明显。这一结论，在两次调查中都得到了充分的印证。由于经济原因，很多农民的媒介接触都成问题，媒介素养水平自然不会很高。要想从根本上提高农民的媒介素养，就必须从如何促进农民增收、缩小城乡城乡收入差距上下手。在贯彻中央惠农政策、进一步实施现有农民增收措施的同时，地方政府还应因地制宜，利用信息化优势及本地优势，开辟创新性手段，转变经济增长模式，发展绿色产业，实实在在地实现农民增收。

根据国际经验，当人均 GDP 超过 3000 美元的时候，文化消费将会有快速增长；接近或超过 5000 美元时，文化消费则会出现"井喷"②。而媒介消费作为文化消费的重要组成部分，其发展很大程度上受经济因素的影响。一旦农民收入高了，日子富了，同等条件下才更有可能进行并加大媒介消费，那么其媒介接触和使用水平势必会提高，媒介素养水平的整体提升也就指日可待。

（一）借助数字红利，助力农民增收

近年来，如何增加农村增收、缩小城乡居民收入差一直是国家关注的重点。随着国家对农村地区经济和信息发展的逐渐重视，建设社会主义信息化新农村已经转变成了国家的重要发展战略。2004 年以来，每年的中央一号文件都对农业信息化做出了指导或要求，信息化已经成为新时期农村经济工作的重要支撑。十八大以来，我国确立了精准扶贫的脱贫政策，除了因地制宜、靶向施策之外，还尤其关注信息赋能在产业扶贫中的重要作用。通过互联网带来的信息便利，消弭城乡和贫富群体之间的信息鸿沟，不仅利于充分发挥产业发展潜能，还有利于增强贫困地区脱贫的内生动力，强化脱贫成果。

---

① 吕巧平：《媒介化生存——中国青年媒体素质研究》，中国传媒大学出版社 2007 年版，第 26 页。

② 中国文明网：《人民日报：什么因素制约了我国文化消费发展》，http://archive. wenming. cn/pinglun/2009 -07/06/content_17005127. htm，2009 年 7 月 6 日。

2018 年 1 月 2 日,《中共中央、国务院关于实施乡村振兴战略的意见》明确指出并推行数字乡村战略,目的是为了加快农村地区宽带和第四代通信网络的覆盖速度,开发适应"三农"发展的技术、产品等,为未来数字农业的发展打下基础。在当下大数据互联网时代,快速获取准确通畅的信息是农户脱贫致富的关键,保障偏远地区的农民有效获取农耕和市场供求信息,真正脱贫不返贫是农村信息化的重要意义。因此,打造面向农村的综合信息服务体系和数据库也十分必要,不仅可以促进农村经济结构的调整,还可以为农村经济发展方式的转变提供动力。

农村的信息化、数字化除了对农村的信息基础设施进行优化外,还将农村生产的信息化、数字化放在了显著的位置。在新一代信息技术的带动下,将云计算、大数据、物联网、人工智能等新技术与农业的生产和经营管理结合起来,实现技术和农业的深度融合,已经成为当前农村生产的主要趋势。2020 年,随着数字乡村战略的推进,我国的农村信息化和数字化建设取得了良好的成效。

基础设施层面,中国 98% 的行政村都已经覆盖光纤和 4G 网络,农村的广播电视几乎实现了全面覆盖,人工智能、5G、大数据等新一代互联网技术在农村也得到了一定推广。而信息化技术已经在全面赋能农业农村相关产业方面,发挥着积极的作用。

在国家政策红利下,我国农村地区的收入水平已经得到了极大的改善。2010 年,我国农村居民农民人均可支配收入为 6272.4 元,而到了 2020 年农村居民人均可支配收入达到了 16067 元,比 2020 年翻了一番,其增速连续十年高于同期的城镇居民。在"十三五"十年间,城乡居民的收入差距也由 2010 年的 3.23 : 1 缩小到 2020 年的 2.56 : 1。在脱贫攻坚的带动下,中国不仅在 2020 年实现了 329 万贫困人口的全面脱贫,还让贫困人口的人均纯收入从 2015 年的 2327 元,增长到了 2020 年的 9592 元,真正实现了"两不愁三保障"。

未来,一旦数字技术应用于农业生产经营管理的各个环节,农业的数字化和智能化趋势将愈加明显,这进一步提高农业的生产、经营效率以及农民的生活品质。如数字化技术将支撑农产品绿色生产、标准化生产和质量安全监管、智慧农田、智慧牧场、智慧渔场等的全面普及、数字技术与农业装备、农机作业服务和农机管理深度融合等，都将会显著提高农业的发展效益。随着数字乡村的进一步推进，科技农业、智慧农业、品牌农业、数字农业将会为农村发展提供更多的空间和机遇，全面助力农村居民的增收。

（二）利用电商优势，发展特色产业

在过去很长时间里，农业一直是互联网发展的旁观者，而农民也最多是互联网用户而已。但随着农村信息化成果的显现，农村网络基础设施得到了极大的改善，将信息化和数字化成果与农业和农村发展相结合，已经成为主要的趋势。在经营和生产加速融合的进程中，各地都在尝试将"小农户"和"大市场"有效连接，探索数字乡村经济新业态、新模式。

1. 借政策优势，完善农村电商公共服务和物流体系

电子商务作为"互联网＋"时代的新型产业模式，在促进互联网和农业有效融合方面发挥了积极的作用，开辟了农村产业发展的新模式，有效促进了农业转型升级和农民增收。在乡村振兴战略实施的背景下，自2014年起我国连续6年开展电子商务进农村综合示范，致力于推动全国农村电子商务发展。随着农村电子商务供应链培育和"电子商务进农村综合示范工作"的开展，国家政策层面重视以及扶持越来越明确，力度也越来越大。

2019年底，农业农村部会同相关部门组织实施了"互联网＋"农产品出村进城工程，在110个县（市）试点中挑选200多个优质特色农产品，通过与互联网企业的对接和合作，培育县级的产业化运营主体，最终建立并完善农产品在网络销售过程中的供应链体系、运营服务体系和支撑保障体系。试点工程的开展，有助于形成"互联网＋"与农村一二三产业深度融合发展的新格局，让农产品出村进城更为便捷、顺畅、高效。2020年中央一号文件部署，推动提升电子商务进农村，帮助农村建立现代化的市场体系，为脱贫攻坚和乡村振兴贡献力量。财政部、

商务部、国务院扶贫办等部门响应文件精神，决定继续开展电子商务进农村综合示范工程。截至 2019 年年底，电子商务进农村综合示范已经实现了对全国 832 个国家级贫困县的全面覆盖，全国农村网商超总数为 1300 万家，在全国支持建设县级电商公共服务和物流配送中心超 2000 个，乡村电商服务站点超 13 万个，示范地区快递乡镇覆盖率近 100%。统计数据显示，前六批（2014—2019 年）的 1180 个示范县农产品网络零售额实现 725.8 亿元，832 个国家级贫困县农产品网络零售额达 281.1 亿元。

在农村电商公共服务方面，引入了电子商务和大数据等技术，着力进行连锁超市、村便利店、综合服务社等农村实体网点的信息化改造，拓展传统经营服务功能，为村民提供代购代销、代收代发、物流配送、电子支付等电商服务，实现了线上、线下融合发展的新格局。截至 2020 年前半年，中国供销社系统已成功通过信息化改造在全国范围的行政村建立了超 10 万个的电商服务点。同时，国家邮政局也利用自身已有的组织网络对各级邮政电商服务点进行重点建设，以过邮政乡镇网点开办、村里小商超搭载、村邮站叠加的方式实现传统业务向电商服务功能的升级，累计在全国建设建设邮乐购电商服务站点 53.8 万个，为村级电商服务体系的构建打下了坚实的基础。

乡村指挥物流建设方面，国家邮政局着力巩固村村直接通邮成果，积极推动"快递进村"工程。以全国 6 个省（区）和 15 个市（州）为试点，鼓励各地利用时长资源推动农村末端服务网络建设，进一步完善县、乡、村三级物流体系。截至 2020 年前半年，全国乡镇已达到了 97% 的快递网点覆盖率。这些成果都为农村电商产业的发展提供了坚实的保障。而无人机农村投递示范区的设立和无人机配送线路的常态化运营，也标志着乡村指挥物流基础设施和配送体系的日趋成熟。随着农村电商服务体系和智慧物流体系的进一步完善，农村电商产业将在推动农业供给侧结构性改革和发展乡村数字经济新业态方面发挥持续性作用，对实现乡村振兴提供助力。

2. 因地制宜，探索电商产业的新模式

随着国家关于农村电商发展的各种政策不断施行，农村电商得到了较快的发展，淘宝村集群也越来越多，2020年中国淘宝村镇增加至1118个，比上年增加638个，增长57%。淘宝村镇网店年交易额超过1万亿元，活跃网店296万个，共创造了828万个就业机会①。在农村电商蓬勃发展的同时，我们也应看到传统农村电商产业规模局限已经显现，淘宝村年交易额多集中在5000万以下，占淘宝村总数的72%，其中年交易额在2000万以下的最多，占40%。这就需要政府部门和各级政府充分利用媒介环境和本地优势，努力探索有利于形成农村电商产业规模效应的新模式。

首先，充分利用现有市场资源和第三方平台作用，培育农村电商市场的多元化主体。鼓励目前市场已有的电商、物流、商贸、金融、供销、邮政、快递等各类社会资源加入农村电商市场，通过农村购物网络平台实现市场资源和农村资源的对接与整合，为农村电子商务的发展提供更多的机遇。如在品牌化销售、产业化经营的驱动下，使电商企业渗透进农业标准化生产、商品化处理、数字农业管控等生产环节，实现电商企业平台和农产品的深度合作，开创农村电商扶贫的新模式。目前阿里巴巴打造的"未来农场"管理系统和"盒马村"模式，京东正在探索的"京东农场"，拼多多培育的"多多农园"，都是较为成功的企业合作式电商模式。

与此同时，商务部、财政部、农业农村部、国务院扶贫办等部门协调地方政府和大型电商企业建立的公益性电商扶贫频道也有很大的借鉴意义。政府部门来和阿里巴巴、京东等电商企业开辟了电商扶贫频道，以流量支持、减免费用等措施助力为贫困地区和偏远地区的农副产品销售，构建贫困地区和偏远地区产品销售和服务链。截至2020年上半年，这些频道的参与企业已发展至21家，并成功与超过600个国家级贫困县实现对接，各类农产品销售额约200亿元。在2020年第三届中国农

---

① 2020中国淘宝村研究报告：《淘宝村和淘宝镇网店年交易额超1万亿元》，https://baijiahao.baidu.com/s? id=1681044361675897058&wfr=spider&for=pc，2020年10月20日。

民丰收节期间，淘宝联合 30 万商家帮助农民卖出了 8.4 亿件农产品。在未来数年，"数商兴农"的相关工作将在农村电商新基建、人才培养等方面进一步发力。

其次，利用电商＋直播，建立特色农村电商品牌。与"电商＋物流"的电商模式相比，"电商＋直播"的模式因门槛低、真实感强正在被越来越多的消费者所接受。传统电商时期，农产品的销售往往被销量所困，但直播电商可以通过直播让消费者直接看到农产品的生产加工过程和工艺，实现消费者放心下单、农民增收的双赢。目前较有代表性的电商品牌模式有三种，一是与电商平台合作依托网红主播带货，二是县长、村主任直接走入直播间助农带货，三是农民主播自己进行直播卖货。这三种模式中，网红主播带货可以实现农产品销量的飞跃，迅速形成农产品电商品牌，但是农民村播的模式却可以在实现销量的同时，建立属于农村自身的电商直播品牌。

"县长直播带货"早在 2019 年就已经出现，但为人们所熟知是在 2020 年。2020 年，在疫情影响下淘宝、拼多多、抖音、快手等直播平台纷纷开设"战疫助农"通道，"县长直播"迅速走红。县长直播利用政府工作人员的形象反差来吸引消费者，并以政府的公信力来保障农产品的质量的信誉。这样的直播模式既可以打造当地农副产品的品牌效应，还可以对当地的农副产品发展经营起到示范和引导作用。但县长直播往往缺乏粉丝基础和流量支撑，很难实现网红直播相同的带货效果，因而与直播平台或网红主播合作进行直播已经成为趋势，这也为未来地方政府工作人员的直播突围提供了新的思路。

随着农村电商政策的深入，国家以中央财政资金为依托，通过资金补贴、贷款贴息等方式进一步助力农村电商的发展。文化和旅游部印发的《文化和旅游部办公厅关于统筹做好乡村旅游常态化疫情防控和加快市场复苏有关工作的通知》也明确说明，要"注重培育一批本地、本村网络直播带货能人，扩大乡村土特产品的直播销售"。在此背景下，越来越多的农民开始了自己的"村播"之路。据淘宝官方数据显示，目前淘宝上的农民主播超过 10 万名，已在淘宝上开播超 100 万场助农直播。淘宝上农民主播已覆盖全国31个省、市、自治区的2000多个县，淘宝超过25%的店铺来自农村，这些淘宝店主的平均年龄只有36岁。[①] 农村电商直播为农村人口的自主创业提供了重要契机，成为农村人群加入、渗透数字经济体系的重要渠道。与此同时，通过优秀村播的带动，越来越多的农民参与电商直播，帮助越来越多的农村居民实现脱贫致富。

尽管目前国内有影响力的农村电商直播品牌还未形成，但在国家政策的鼓励下，一大批大学生、农民工、退伍军人都已经返乡创业，他们参与农村电子商务的兴趣和积极性普遍较高，建立有影响力的农村电商品牌指日可待。

（三）发展乡村特色文化产业，实现产业增收

2018年《乡村振兴战略规划（2018—2022年）》提出要"发展乡村特色文化产业"，指出要"建设一批特色鲜明、优势突出的农耕文化产业展示区，打造一批特色文化产业乡镇、文化产业特色村和文化产业群"。2019年的中央一号文件在"发展壮大乡村产业，拓宽农民增收渠道"部分强调，要"加快发展乡村特色产业""支持建设一批特色农产品优势区"，"创新发展具有民族和地域特色的乡村手工业"。这些政策进一步拓展了乡村振兴战略的内涵，发展乡村特色文化产业势必将成为推动我国现代农业发展、拓宽农民增收渠道的重要途径。

乡村特色文化产业，是基于我国的国情，以农村乡（镇）、行政村为基本行政单元对我国文化产业体系进行区分和细化的新概念。它主要指以乡村社会为主要场所，以村民为参与主体，以乡村文化资源为依托的文化创意、文化生产及文化服务等经营性的活动。在乡村振兴战略和农村供给侧改革的带动下，中国的乡村产业结构和布局正在经历巨大的变革，农村地区的经济发展模式也面临着升级换代。农村地区拥有与城市不同的自然景观、人文景观，还保留有区别于城市地区的风俗传统等文化资源，在发展特色文化产业方面具有很大的优势，如果各地能充分地利用当

---

① 中国日报网：《淘宝农民主播亮相国家丰收节：村里已走出10万农民主播》，https：//baijiahao. baidu. com/s？id＝1678508615586723168&wfr＝spider&for＝pc，2020年9月22日。

地的文化资源，将是低投入高回报的一项产业。在乡村振兴站战略和数字乡村建设的推动下，发展特色文化产业不仅可以转变乡村的经济发展方式，加速优化乡村产品和产业结构调整，还能提高农民群体的素质和创造财富的能力，对于长期持续增加乡民的收入和推进农村城镇化十分有利。

1. 因地制宜，将文创融入农产品生产过程

在传统农业的理念下，农业的主要产出是农产品，且在传统农耕种植方式主导下缺乏农产品牌设计和推广，使得农业产品被贴上了"土里土气"的标签。随着休闲农业和乡村文化的不断推进，只有"特色产品""特色项目"才能满足人们日益增长的消费欲望。在特色乡村文化产业的思维下，将农产品、文艺演出、民间工艺等乡村产品以文化创意的方式赋予故事和文化内涵，增加其历史厚重感和文化附加值，不仅能提升现代乡村的文化价值和文化审美，还能促进农村文化产业的发展，打造有特色的乡村文化产业链。

首先，从种植过程上，让农产品成为艺术品。在传统农业种植基础上，通过人为因素对农产品的生长进行约束，将艺术的理念应用于农业生产，是农产品创意赋值的一大利器。在这方面，国内已经有不少的农产品品牌做出了成功的尝试。大兴的"玻璃瓜"在西瓜还很小的时候就被放进原型的有机玻璃罩，等到西瓜与玻璃罩同样大时，以保鲜液填充并封口。西瓜在封闭的环境中进入"休眠"状态，因永不腐烂而成为可供长期观赏的艺术品。这一工艺曾荣获全国休闲农业创意精品大赛产品创意金奖，成功实现了从农产品到农业艺术品的跨越。

其次，通过科技赋能，增加农产品的附加值。在农产品生产的过程中，引入新科技、新技术也是打造农产品品牌的一大法宝。作为亚洲最佳苹果的适生地，灵宝苹果因成色好、口感佳、营养丰富和耐运输成为国家质检总局"原产地标记注册"专家组审核认证的地方特产。1997年灵宝寺河山苹果被有关部门指定为"香港回归"国宾招待水果，受到党中央领导和海内外宾朋赞誉。之后，灵宝苹果引进了中国农业大学最新科研成果 SOD 新技术和山西省农业科学院的富钙、富锌多维营养苹果专利，成功实现了农产品科技赋能。在新品种上市后，单个苹果的

价格为 4.5 元，之后又持续攀升并突破 10 元，创造了灵宝苹果有史以来的最高价格纪录。以 SOD 为营销概念，借 SOD 可以防病治病、美容保健、延缓衰老的功效，成功增加了农产品生产和销售的附加值，之后借助于套袋、贴字等生产工艺，再次提高了苹果在市场上的竞争力，使灵宝苹果走向了全国。

2. 升级农业加工工艺，发展农艺品产业

在农业生产过程中，将文化创意融入农产品本身或农产品废弃物中，通过艺术植入、功能创新、工艺改进等手段，实现农作物使用功能的升级和艺术功能的提升。麦秆画是中国独有的特色工艺品之一，起源于隋唐，依秸秆本身的光泽、纹彩和质感，根据需要进行剪裁和粘贴而成。尽管秸秆画来自民间，但因光泽透亮、装饰效果佳、艺术感染力强等优点，被奉为皇家贡品。目前，利用秸秆进行艺术创作已经形成了相关的产业，各地都结合自身农产品特色发展相关的秸秆画产业，如山东的高粱秸秆画、河南濮阳的麦秆画、河北丰宁的玉米秸秆画等。秸秆画产业变废为宝，将农产品废弃物与艺术创作联合在一起，不仅可以推动农村产业升级实现绿色农业、环保农业的转变，还能带动农民增收致富，一举多得。

图 6-1　濮阳麦秆画作品①

---

① 濮阳全攻：《河南工艺四宝之一：神奇的麦秆画》，https：//www.sohu.com/a/126128570_177287，2017 年 2 月 13 日。

3. 植入乡村文化符号，提升乡村产品的创意包装。

包装是实现农产品商品化、提升附加值和竞争力的重要途径。现代农业从业者，其主要任务是将农产品变成商品。通过乡村特色包装材料、创意包装设计、创意 logo 设计等，提升农产品包装形式或外观，依靠农产品自身的 IP 形成知识产权。将各地的方言、饮食、信仰、建筑等作为地域文化展现出来，以文化符号的方式体现在农产品包装设计上，通过包装提高农产品的附加值，并形成相关的产业链，还有利于乡村乃至于地域文化的形象宣传。

图 6-2 文新信阳毛尖 2021 年豫剧礼盒①

4. 创新思维，开发特色乡村旅游

发展乡村旅游业是另一农民增收的有效途径。随着城市生活节奏的断加快，乡村旅游逐渐成为国内的消费热点。中国自然文化资源和历史文化资源丰富，如果能利用乡村旅游将自然资源转化为有形资产，将对农民增收起到很大的帮助作用。

首先，开发特色，发展特色旅游线路。经过近年来的发展，以乡村

---

① 图片来源：文新信阳毛尖官网，http://www.xywenxin.com。

休闲为主题的旅游项目已在全国铺开，乡村旅游市场的竞争也愈加激烈。要在竞争中取胜，必须在打造精品乡村旅游品牌，既要保留特色，又要有所创新，根据游客的心理，提升旅游内涵品质，打造乡村休闲旅游名片。2020年，文化和旅游部会同国家发展改革委联合启动了全国乡村旅游重点村名录建设工作，先后在2019年、2020年推出了1000个乡村旅游重点村，较大丰富了乡村旅游市场上行的乡村旅游产品供给。2020年，以乡村旅游重点村为依托，文化和旅游部推出了全国300条乡村旅游精品线路，这些都为农村的特色旅游产业发展提供了良好的基础。

河南省修武县在全域旅游的背景下，以"美学经济"助力乡村振兴，成功形成大南坡村等知名的乡村旅游品牌。拥有得天独厚的煤炭资源而闻名的大南坡村，经过几十年的开采因环境、资源枯竭而一蹶不振。为了践行习近平总书记"先规划、后建设、编制多规合一的实用性村庄规划"的要求，大南坡村作为首批"美学经济"改造试点依托改造团队进行了专业化的乡村改造，过去的塌陷区进行了浇筑回填；聘请专业设计师为村民设计自建民宿；粮库改造升级成为特色供销社，销售村里的手工艺品和土特产；队部办公室、会议室修整为艺术中心，老戏台也修葺一新成为乡村文化书店。目前大南坡的休闲农业、乡村旅游、民宿经济等特色产业已经成型，借助于美学提供的高附加值，成功助力当地农民实现了增收。

其次，以体验经济为推手，推进旅游与相关产业的融合。目前，体验式、参与式观光和休闲农业的发展已相对成熟，依托农村独特的自然、农耕、文化优势，开展农耕、采摘、饲养等农事活动，开发农耕文化节庆活动，打造"农业观光＋农事娱乐＋农耕文化展示＋乡村生态体验＋购物美食游＋度假休闲"等旅游融合产业链。与传统观光旅游相比，体验式、参与式旅游注重的是游客对旅游产品的感受、体验、享受的过程，注重娱乐和审美体验的同时，将教育体验和参与体验渗透进旅游行程，增加体验者的心理感知和认同，提高乡村旅游产品的后续动力。

第三，结合乡村文化，开发乡村研学教育基地。以农耕文化、农业生态、乡村文明为抓手，与当地教育部门展开合作，建立具有自身风格的红色教育基地或乡村研学教育基地也是不错的发展思路。在城镇化发展的趋势下，城市拥有巨大的研学教育市场，让学生们通过研学活动体验乡村自然风光和乡村风情文化，不仅可以拓展他们的眼界，最大限度发挥研学教育在义务教育素质教育中的作用，还能为农村地区带来更多社会关注，拓展乡村的经济和社会效益，助力乡村产业发展。

第四，借助互联网优势，强化乡村旅游产品的宣传。随着社交媒体的发展与普及，旅游目的地形象传播的主阵地发生了转移。互联网的影响力已经开始从线上过渡到线下，越来越多的游客更多地通过网络来获取旅游产品信息，这也为乡村旅游产品的宣传提供了又一思路。2020年，农业农村部指导各地创新性开展乡村休闲旅游"云观赏""云体验""云购物"等线上体验，并通过"云主播""云锁客""云认养"等线上活动，赢得了公众的一致好评。同时，文化和旅游部指导抖音、快手等新媒体平台上线了"乡村旅游"专门话题频道，整合优质的乡村旅游短视频，全站重点推送，对乡村旅游产品的推广起到了积极的作用。未来，各地可以借助于"旅游＋互联网＋电商"创新成果试点示范和推广应用，进行乡村旅游产品的推广和宣传，扩大乡村旅游品牌的辐射范围和影响力。

总之，农村地区的文化产业发展，应结合当地的实际，充分发挥文化产业关联性强、辐射性强的优势，推动乡村文化与新型城镇化、农业现代化、现代服务业融合发展，打造特色乡村文化产品，完善和延长产业链，促进农村地区第二和第三业的有效联动，增强农村产业的"造血功能"，提高农村地区的增收能力。

但与此同时，我们也应注意，发展产业经济要以生态农村、绿色农村为原则。在产业发展的同时，要坚持以环境保护和可持续发展的理念，处理好生产、生态和资源持续开发利用之间的关系，努力实现乡村特色产业与生态文明建设的有机结合，为乡村经济的可持续发展提供保障。

三 完善农村传播基础设施，保障媒介接触条件

农村基础设施是农村发展的根本，而传播基础设施作为农村接触和使用信息的主要渠道，是提升农民媒介素养的首要条件。中国一直致力于增加对农村地区媒介基础设施的建设。1998 年开始，在广播电视的"村村通"工程的带动下，农村的广播和电视的覆盖率有了大幅提升。2009 年，全国广播电视综合人口覆盖率比 2008 年分别增长了 0.35 和 0.28 个百分点，达到了 96.31% 和 97.23%。但不可否认，媒介传播网络在当时整体上还很薄弱，尤其是偏远贫困农村地区甚至连广播、电视都无法普及。尽管一些较为富裕的乡村广播电视覆盖已经较令人满意，农村宽带普及已经缓慢开始，但同时期大部分城市和乡镇地区已经开始全面普及网络宽带，农村地区明显是较为落后的。

2016 年 10 月，由中央网信办、国家发展改革委、国务院扶贫办联合的印发《网络扶贫行动计划》中提出了"网络扶贫"的概念。该计划明确了互联网在脱贫攻坚中的重要作用，体现了党和国家对媒介网络欠发达地区的重视。《网络扶贫行动计划》提出了网络扶贫的"网络覆盖工程、农村电商工程、网络扶智工程、信息服务工程、网络公益工程"五大工程，在具体推进的过程中已经取得了一定的成果。

自 2017 年党的十九大报告中提出乡村振兴战略以来，"三农"问题就一直是全党工作的重中之重。2018 年 1 月，《中共中央国务院关于实施乡村振兴战略的意见》和《乡村振兴战略规划（2018—2022 年）》明确提出，我国要借助数字乡村战略，助力农村发展，弥合城乡之间的数字鸿沟。2019 年 4 月，中央网信办、国家发展改革委员会等四部委联合印发了《2019 年网络扶贫工作要点》，指出要充分借助数字红利，通过网络赋能助力脱贫攻坚。随着我国"村村通"和"电信普遍服务试点"两大工程的不断深入，截至 2019 年年底，我国行政村光纤和 4G 网络覆盖率均超过了 98%，贫困村宽带覆盖率也达到 99%，初步实现了全球领先的农村网络覆盖。而网络扶贫试点地区的平均下载速度，基

本实现了农村与城市"同网同速"。

同时，随着"村村通""电信普遍服务试点"和"广播电视重点惠民工程"的不断深入，农村地区广播电视基础设施建设和升级改造取得了较好的成效。为了保障农村地区居民享受高质量的电视服务，新建的5000余座发射台和上万部数字电视发射机，正式告别了无线模拟电视时代。在广电5G光纤化、IP化、云化、智慧化、融合化升级改造下，农村地区已经实现了广播电视网络的全覆盖，正式实现了户户通。

2020年，数字乡村建设加快推进。中央财政和基础电信企业共投入500亿用于全国13万个行政村的光纤建设以和3.6万个基站建设，并优先支持"三区三州"等深度贫困地区的网络覆盖和普及应用。

在网络扶贫和数字乡村战略的支持下，中国农村地区尤其是贫困村的在广播电视覆盖率、互联网宽带接入、农村光纤覆盖率方面都远高于世界水平。但是农村地区的整体互联网普及率与国外还有一定的差距。目前，英国农场的互联网普及率为99%，日本农村地区的互联网普及率为91.4%，而我国农村地区整体的互联网普及率为49.9%（截至2019年12月），与其他国家还有很大的差距，未来农村地区的基础设施和传播网络的建设仍有较长的路要走。

四 将媒介素养教育纳入正规教育体系

在第二章概念界定时我们提到，媒介素养是媒介素养教育最终结果，那么媒介素养教育就是培养媒介素养最直接的手段。在欧洲，许多西方国家都不同程度地将媒介素养教育纳入了义务教育和高等教育课程体系，实现了媒介素养教育和义务教育及高等教育的融合。但从目前来看，中国的媒介素养教育仍不成熟，尚处于在探索阶段，相关的实践活动十分匮乏。

由于我国媒介素养教育的实践尚未完全展开，因此建议政府部门结合我国实际，借鉴西方国家媒介素养教育的成功经验，尽快将媒介素养教育纳入正规教育系统。学校是青少年的集聚地，是人们社会化学习的主要场所，学校教育的系统性、持续性特点决定了学校在媒介素养教育实施中的重要作用。当前，我国大部分城市的中小学都已经开设了计算机课程，但农村地区因上网设备、网络基础设施等原因与城市存在较大的差距。笔者认为，要想从根源上解决农民群体的媒介素养教育问题，就要将媒介素养教育作为公民基础教育的一部分，从小培养城乡小学生对各类现代媒体信息的鉴别、批判等能力。

在具体实施过程中，笔者认为，政府可借鉴"素质教育"的相关经验，将媒介素养教育与九年义务教育相挂钩，政府应成立专门的媒介素养教育部门，从政策、经费、调查及评价等方面推动学校媒介素养教育的落实。

（一）将媒介素养教育体系纳入基础语言教育体系

在国外学者的眼里，媒介素养教育的推广大都起源于"草根运动"，因为在媒介素养教育发展演变的过程中，处于媒体或教育一线的人或者团体往往最先觉悟，之后才会在政府部门的主导推动下在全国范围内进行推广，英国、美国和澳大利亚都是如此。但在各国媒介素养教育实施和推广的过程中，国家政策均发挥了不可替代的作用。目前，国家和部委层面均未出台明确的媒介素养教育政策或文件，但一些地方政府和教育部门已经对青少年的媒介素养教育给予高度的关注，少部分地区已经率先开展了相关的实践。

根据国外的相关经验，将媒介素养教育渗透进语言学习和艺术学习领域的是较常使用的方法。以澳大利亚的西澳大利亚州为例，其媒介素养教育内容渗透进了英语学习和艺术学习领域，英语学习领域将媒介文本被融入英语课程的听说读写等分支中，而艺术学习领域则按照不同的艺术形式划分为多个学科，媒介作为一种艺术形式被包含进艺术领域之中。在以"学生"为中心、以学习结果为导向的媒介素养教育中，媒介素养教育有着明确的教学目标，甚至可以具体到学生的不同年龄段和发展时期，用具体的课程框架详细描述了每个阶段学生的学习结果。这种将基础语言教育和媒介素养教育相结合的做法在实行 K – 12 教育体系的国家十分普遍，分年龄、分阶段的媒介素养教育体系已经十分完善。

　　我国在推行媒介素养教育的同时，可以借鉴国外的经验，将媒介素养教育渗透进语文等基础语言教育课程中。在 2011 年《义务教育语文课程标准》出台时，就明确强调了新媒介的影响，并明确要求学生"初步具备搜集和处理信息的能力，积极尝试运用新技术和多种媒体学习语文"①。在《普通高中语文课程标准（2017 年版）》发布时，也关注到了媒介环境对学生的影响，要求高中语文注重"思维发展与提升"、"跨媒介阅读与交流"和"思辨性阅读与表达"。这表明，将媒介素养教育与基础语言教育相统合具有很大的可能性，但国内并未有全面的基础语言教育和媒介素养教育的融合方案，尤其是针对不同年龄段学生的分阶段、系统化的媒介素养教育的可实施性融合方案亟待出现。

　　（二）将媒介素养教育融入思政、德育课程体系

　　思政、德育课程作为义务教育阶段的基础课程，将媒介素养教育融入其中也具有一定的可行性。目前，国内可借鉴的模式是浙江省缙云县长坑小学的媒介道德课程体系。该体系是该校校长刘勇武和各位老师，在浙江传媒学院的帮助下以媒介德育的方式，将媒介素养教育和德育课程结合在一起的创新型探索。课程体系和教学活动主要围绕媒介素养及媒介德育概念、媒介素养与传统道德的关系、网络媒介德育活动课程实践等内容，努力实现媒介平台和传统文化道德内涵的融合。

　　将媒介素养教育与德育课程融合的具体实施方案为，从小学三年级开始，在德育类基础课程中，每班每周抽取一节课进行媒介德育活动，共计每学期 18 课时。这 18 个课时，一半进行课堂教学，一半开展媒介德育调查实践类活动。学校配套 12 名老师分别以媒介德育中的网络文化、阅读习惯、新闻观念、报刊运用、动画欣赏、摄制能力、生态文明、广告辨析、流行文化、视频文化、礼仪文化、健康理念为主题，每

----

　　① 中华人民共和国教育部：《义务教育语文课程标准（2011 年版）》，北京师范大学出版社 2011 年版，第 1—7 页。

人准备一个主题轮流上课。该媒介德育课程已于 2015 年 3 月开始授课，形成了特有的"媒介德育模式"，为全国各地农村中小学提供了媒介素养教育的新思路。

从国内外的经验可知，将媒介素养教育和义务教育结合起来，是媒介素养教育实施的可行之路。媒介素养教育可以不仅仅融入单一的课程领域，还可以根据实际的教学情境由老师渗透进不同的课程领域。将媒介素养教育的相关内容融入基础课程之中，可以对青少年进行系统的媒介素养教育，帮助学生形成对媒介信息的批判意识、反思意识、创造意识、道德意识、法律意识，提高他们对不良信息的免疫能力，是公民教育中不可获取的一个环节。与此同时，义务教育阶段全民媒介素养教育的实施，后续将会很大程度上缩小农民群体与其他社会群体之间媒介素养差距，并对其下一代的媒介素养教育产生深远的影响。

（三）完善媒介素养教育配套教学资源

在国内外，媒介素养教育的教材等教学资源主要来自于澳大利亚和美国等发达国家。毋庸置疑，媒介素养类的教材和相关读本，可以为媒介素养教育实施者提供必要的思路，对建立系统化的媒介素养教育的实施具有一定的启发意义。

首先，撰写适合中国国情的媒介素养教育教材，为媒介素养教育的实施者提供方向。随着我国学者和教育从业者对媒介素养教育的重视，媒介素养教育相关的印刷类和非印刷类教材资源的数量和质量都在不断地增加。2001 年 10 月，台湾政治大学媒体素养研究室的吴翠珍教授就推出了《教育推广辅助教材》。这一系列教材以电视节目《别小看我》为基础，将节目的精华凝练在了《别小看我媒体教育互动教学手册》（含光盘）中和《别小看我亲子游戏箱》中①，通过赠书给有媒介素养教育意向的团体和学校，为教育一线的教师提供媒介素养教育的参考。

2004 年以后，各大高校相继进行了媒介素养课程的实践，并推出

---

① 张玲、秦学智、张洁：《媒介素养教育课程论》，中国广播电视出版社 2013 年版，第 151 页。

了一批媒介素养相关的教材。如中国传媒大学张开主编的《媒介素养概论》，南京大学段京肃主编的《媒介素养导论》和云南大学单晓红主编的《媒介素养引论》、中南财经政法大学吴玉兰的《媒介素养十四讲》等。但这些教材大多针对大学生或者成人，鲜少聚焦农村地区或者青少年。

2013年，依托广州市少年宫儿童媒介素养教育实践编写的《媒介素养》教材由南方日报出版社出版。经广东省中小学教材审定委员会审定通过后，成为全国第一套进入中小学公共教育课程体系的媒介素养教育教材。教材以漫画、案例和思考题的方式，提醒和引导小学生在互联网空间里如何抵御不良信息，增长互联网安全知识，以便更好地在网络世界中保护自己。之后，该教材的主编、中国青少年宫协会儿童媒介素养教育研究中心主任张海波还先后出版了《家庭媒介素养教育》《学校中的媒介素养教育》等教材，为学校和家庭的日常媒介素养教育提供了指南。

随着互联网和媒介环境的不断变化，尽管有关媒介素养教育的教材和教学资源在不断地完善，但由于各地的实际情况不同，适合的媒介素养教育方式和教学资源也存在差异。尤其是在农村地区，媒介素养教育的氛围尚未形成，媒介素养教育的师资也存在短板。因此，笔者认为，可以在先行者实践经验的基础上借助于新媒体优势，建设针对农村地区中小学的媒介素养教学资源包或教材，通过线上线下课和教材赠送的方式，让更多农村地区的教师和学生获得接受媒介素养教育的机会。

其次，发布针对不同社会群体的应用型媒介素养读本，推进媒介素养教育实践。早在2007年，共青团中央、中央文明办推出了以网络案例解析为主的导航读物"未成年人网络自护"手册，以真实的案例解析网络成瘾的重要影响、分级标准和戒除办法，并对网上诈骗、诱惑、制假、交易等八大网络陷阱案例进行了剖析解释，提供了对不良信息、网上垃圾、手机短信和网络案例的举报方法，是我国较早的媒介素养手册读本之一。

2013 年，中国青少年宫协会儿童媒介素养教育研究中心主任张海波先后出版了《媒介素养（小学生读本）》《媒介素养（亲子读本）》《媒介素养教师读本》，该系列读本为中小学生、家长和教师提供了媒介素养教育指南，对媒介素养教育实践具有很大的推动作用。2014 年，由王秀江、张开主编的《媒介素养教育手册》出版。该手册以儿童媒介素养这一主题为核心，是中国儿童中心与中国传媒大学的老师历经几年的调研，探访了众多学校和教学一线的老师所形成的，手册不仅可以供 7 至 10 岁孩子阅读，还可以为教师和家长辅导孩子接受媒介素养教育提供指导。

随着媒介素养教育实践的不断推进，不少的学校都开始致力于媒介素养教材和读本的撰写。2018 年，由成都二十中领衔主编、中国广播影视出版社出版的《中学生媒介素养读本》读本以中学生为教育主题，着力培养中学生对媒介信息的辨别和批判能力，在提高中学生对不良信息的免疫力和培养积极的心理素质方面有重大意义。

经过梳理，目前出版的媒介素养教育类读本主要为三类：一是针对中小学生的媒介素养教育读本，大多依托于相关的媒介素养实践，以学生自主阅读和学校课程推进作为其主要的推广途径；二是针对一线教师的媒介素养教育读本，着力于培养一线教师的媒介素养，并为其提供可实施的媒介素养教育方法和途径；三是针对家长的媒介素养教育读本，着力提高家长的媒介素养水平，为家庭媒介素养教育提供指导。

根据阅读群体的不同，媒介素养教材和读本都呈现出了不同的内容风格。如针对小学生的教材和读本大多为主题性的，以漫画、故事、案例或问题串联，较为生动有趣。而针对中学生的教材和读本大多以深度为主，力求学生在自主阅读或相关课程中有所收益。而针对大学生、教师、家长的教材和读本，则以实用性为目的，为日常的媒介素养培养和媒介素养教育提供指导。但目前这些教育资源和读本的推广大多都集中在发达地区的先行城市，贫穷或偏远地区能接触到媒介素养教材和读本的机会相对较少。未来，期待越来越多的学者和教育者关注农村地区的媒介素养教育，将相关的教材和读本带到农村，在具体的媒介素养教育实践中，探索适合农村中小学和农民群体的媒介素养教育之路。

（四）建立媒介素养教育试点，以示范作用带动媒介素养教育开展

根据国内外经验，全国性媒介素养教育的推广和实施，大多是在部分试点优秀经验的基础上展开的。如美国的马德里州、加拿大的安大略省、澳大利亚的西澳大利亚州和昆士兰州都是各国的媒介素养教育的发源地，媒介素养教育体系相对成熟后，再扩大至更广的范围。

我国目前已经有一部分学校已经积累了一定的经验，并形成了特有的媒介素养教育模式。如前文提到的浙江省缙云县长坑小学，该校在 2009 年 3 月被浙江传媒学院媒介素养研究所授予媒介素养研究实验小学，成为浙江省首家开展媒介素养教育的乡镇小学。在与浙江传媒学院合作 7 年以后，该校培养了媒介素养教育师资，并探索形成了小学教育的"媒介德育模式"，其示范作用正在影响全国越来越多的中小学进行媒介素养教育的相关探索。

北京市黑芝麻胡同小学也是较早进行媒介素养教育实践的小学，该小学通过与中国传媒大学的合作，引入该大学的师资于 2008 年 9 月进行媒介素养教育实验。2010 年，由中国传媒大学传媒教育研究中心团队和小学教师异同编写的《畅游媒介海洋：小学生媒介素养教育教学手册》出版。手册针对小学高年级的媒介接触情况，以生动形象的海洋主题将媒介素养教育通入其中。教师和家长可以根据学生和孩子的实际情况，按照作者的建议选择相关的主题内容，进行教学活动或家庭活动与媒介素养教育的链接，在当时引起了较大的关注。黑芝麻胡同小学被视为是中国大陆第一次系统的媒介素养教育实验的实施地，在经验成熟后通过媒介素养教育项目组，将该小学的成果向社区和周边学校扩散。

2009 年，浙江省嘉兴秀水高中成为中国广播电视协会媒介教育研究所实验基地和浙江传媒学院媒介教育研究所实验基地。该校注重因材施教，挖掘学生潜力，培养学生的特长，并以"媒介素养"为抓手，指导学生正确使用网络，形成了系统化和课程化的媒介素养教育经验。

10多年来，秀水中学为中国传媒大学、北京电影学院、南京艺术学院、浙江传媒学院等高等院校输送了近300名专业人才。2019年，依托浙江省嘉兴市秀水高级中学的素养实践，该校的郑军亮老师主编并出版了《中学媒介素养导读》一书，为更多的中小学推广媒介素养教育实践的经验。

在国内中学中，同样知名的还有浙江省杭州市的夏衍中学。2009年2月起，该校与浙江传媒学院合作，以广电特色班作为试点，进行包括广播电视新闻、编导、摄像、播音、广告、动漫等16个专题内容的媒介素养教育课程。该课程由浙江传媒学院的老师执教，广电班的学生和学校的老师均在课程上听课。经过第一个授课周期后，对课程内容进行调整，并将授课范围扩大至高中二年级。在几年实践的基础上，夏衍中学自己的老师担任媒介素养教育课程的教学，针对不同的年级以兴趣小组、班级授课等形式进行媒介素养教育。经过十几年的媒介素养教育课程，该校每年都有40余名学生进入与媒介素养有关的大学学习，并培养了近十位优秀的媒介素养教育教师，广电特色和媒介素养教育特色也为该校赢得了较高的知名度。

目前尽管国内有部分成功经验课借鉴，但是在媒介素养教育实践中，成功经验的推广和交流活动却较少。因此，笔者认为，除了国内和国际性的媒介素养论坛和学术会议外，教育部门应积极组织与媒介素养交流相关的交流会，尤其是偏远省份或贫困省份，可以进行农村中小学教师与先进学校交流学习活动，并定期为农村地区的中小学提供外出学习、交流的机会，提高农村地区中小学领导和一线教师的媒介素养教育意识，为进行媒介素养教育探索提供政策氛围。

第二节　媒体：发挥优势，助推农村媒介素养发展

勒纳在其著作《传统社会的消逝》中，把传媒比喻为"奇妙的放大器"，指出大众媒介在快速传递信息方面有特有的优势，可以把社会

流动和变革思想传播给其他成员。① 由此可知，大众传媒在社会宣传和教化方面发挥着重要的作用。从传媒产业的双重属性来看，媒体在社会公务事务的宣传和推进方面有不可推卸的责任。如果能发挥自身的各种优势，辅助国家政策和相关部门工作的开展，将会很好地助力农村地区的媒介素养发展。

一　利用媒体的宣传优势，为媒介素养教育营造氛围

（一）提高传播内容质量，净化传播环境

随着自媒体的不断发展，公众生活的信息环境进一步恶化。自媒体从业者素质良莠不齐直接导致其传播内容中不良信息、虚假信息频发，大大增大了农民群体在信息化社会生存的难度，他们想要高质量接触并参与媒介，将要花费更多的时间成本和思考成本。但大众媒介与其他组织最大的不同在于，在满足社会信息需求的同时还要发挥公共服务的功能。由于大众传媒的社会活动对社会的政治、经济和社会道德有着广泛的影响，尤其是大众传媒作为某些"稀缺"公共传播资源的受托使用者，必须担负起对社会和公众应承担的义务和责任。

2016 年习近平总书记在全国新闻工作会议上指出，要"建设网络良好生态""营造风清气正的网络环境""以德治网"。2017 年，国家互联网信息办公室也公布了自媒体人必须恪守的七条底线，其中就包括了道德风尚底线和信息真实性底线。作为社会公共财产的使用人，所有的媒体人都应受到各种道德伦理的约束，政府部门对各类媒体的教育和约束固然重要，但要想根本上解决这一问题，就必须强化媒体和媒体人的自律意识，不能因任何原因而否定网络道德。

在当前的媒介环境下，媒体作为农民群体了解世界的窗口，其媒介信息的选择肯定会在一定程度上影响受众的行为。因此，媒体应加强自我约束，通过信息的选择和加工，将事实真实地展示在传播内容中，以

---

① 王玲宁：《信息"知识网"现象当重视——河南农村受众接触大众媒体行为的调查分析》，《新闻爱好者》2004 年第 2 期，第 18 页。

身作则起到示范作用，通过传播环境的静化，降低农村地区信息接触的时间成本和思考成本。与此同时，这样的信息传播环境，也能增进社会各个群体对周围世界的了解，培养其正确、理性地分析和认知客观事实的方法，让公众尤其是弱势群体在参与社会发展过程中发挥自身的作用，做负责任且有独立思考能力的公民。

（二）借助议程设置，凸显媒介素养教育的重要性

在我国，大众传媒始终在信息传播中发挥着舆论导向的功能。传播学"议程设置理论"表明，大众传媒的报道和信息传达活动通过对各种"议题"不同程度显著性的赋予，影响着人们对周围事件重要性的判断。媒体的"议程设置"能够通过较长时间跨度的新闻报道和信息传播活动，暗示一种媒介观，使传播内容成为公众关注的焦点。①

笔者认为，大众传媒在信息宣传和传播方面有天然的优势，因此巧妙设置"议题"将会有助于媒介素养和媒介素养教育氛围的营造。毕竟，公民的媒介素养不管对于社会个体的生存与发展，还是对国家向信息社会的过渡都至关重要。媒体应承担起在新媒体时代的社会责任，设置有关媒介素养和媒介素养教育有关的"议题"，以新闻节目、公益广告等传播内容为载体，让公众了解媒介素养教育的重要性。

针对农村地区，可以根据农民个体的特点，利用其最常用的电视和新媒体作为"议程设置"的主要阵地。如在农民经常使用电视的时间段，定期播放媒介素养宣传片或媒介素养教育科教片，让媒介素养进入农民群体的视野，增加其对媒体素养重要性的认知。同时，可开办以媒介素养为主题的对农电视节目，邀请传媒界或教育界的专家通过媒介素养系列讲座和专题节目，直接在电视媒体上对有需求的农民个体进行专门的媒介素养教育。

新媒体方面，则可以利用农民常用的短视频 App 来进行媒介素养教育宣传。新媒体时代，利用算法推荐进行精准的信息推送已经不是难事，这也为农村地区的媒介素养教育提供了新的途径。短视频客户端也

---

① 郭庆光：《传播学教程》，中国人民大学出版社 2004 年版，第 214—215 页。

应发挥自己在媒介素养教育方面的优势，根据农民群体的用户画像，提高媒介素养或媒介素养教育类短视频出现的频次，在短时间内即可引起农民群体的重视，以此营造媒介素养教育的氛围。

（三）利用传播优势，传播媒介素养教育知识

在德国、法国等西方国家，大众媒体经常利用自身的优势进行媒体知识传播。例如，在纸质媒体上开设专栏，在电子媒体上开设专题类电视栏目，甚至可以通过网络论坛、微博话题等形式进行媒介素养知识的传播和媒介素养教育的宣传。这些活动，甚至可以通过线下活动来有效链接，以增强媒介素养教育的实际效果。

早在 1993 年，中国社会科学院卜卫老师就已经开始为杂志《父母必读》撰写专栏，主题是跟父母探讨孩子的媒介使用问题。1996 年开始为《青少年读书指南》杂志撰写专栏，试图引导青少年警惕媒体内容中的性别歧视。

2001 年，台湾公共电视制作并播出了台湾地区第一个以媒介素养教育为主题的儿童节目《别小看我》，该节目引起了非常大的反响，并获得了专款赞助。之后，台湾政治大学媒介素养研究室的吴翠珍教授推出了系列教材，进一步扩大了节目的影响力，在当时营造出了很好的媒介素养教育氛围。

而中国大陆许多的研究者们，也是在这档节目及配套教材的影响下，开始关注媒介素养教育实践。作为较早利用媒体进行媒介素养教育宣传的学者，卜卫在 2003 至 2004 年，受台湾《别小看我》节目的影响，与儿童杂志《动动》合作，试图尝试制作媒介素养教育电视系列片，成品《包装》等在 2003 年的巴塞罗那国际儿童电视节上展示，引起了一定的反响。

新媒体的环境下，传播渠道和平台更加多元，媒体可以利用自身的传播渠道在不影响正常工作的情况下，向大众普及有关传播活动的基础知识，甚至为其提供亲自参与新闻生产流程的机会，在业界专家的指导下，必定可以提高媒介参与的质量及参与者的实践能力。同时，在媒介

参与的过程中，缩短了公众与媒体之间的距离，有利于社会更加客观且正确地理解媒体。

（四）借助县域融媒体中心，开展农村地区媒介素养教育宣传

2018年8月，习近平总书记在全国宣传思想工作会议上指出，要扎实抓好县域融媒体中心的建设，更好地利用本土媒体引导群众、服务群众。党的十九届五中全会审议通过的《中共中央关于制定国民经济和社会发展第十四个五年规划和二〇三五年远景目标的建议》也同样提出了"建强用好县级融媒体中心"的主张。

随着县级融媒体中心建设持续推进，全国各地都在因地制宜地探索符合自身实际的建设路径。实践证明，县级融媒体中心不仅是全媒体传播体系的重要一环，也是基层社会治理和基层信息传播的有效抓手。目前，县域融媒体中心的框架已经成型，不少的县域融媒体中心不仅拥有网站、微博、微信公众号等传播平台，还与时俱进在学习强国、抖音、快手等平台上开设了自己的账号，再加上融媒体中心在当地的地缘，使其在基层信息传播中具有天然的优势。

一方面，县域融媒体中心应发挥"新闻＋服务"的功能，以融媒体传播矩阵为依托，关注农村地区的真实需求，加大对农传播和对农服务的力度，做鲜活、接地气的新闻，充分贴近农民、服务农民，保障传递的信息中有足够能吸引农民群体的对农信息，增强农民对媒体的好感与信任感。另一方面，作为媒体引导群众、服务群众的"最后一公里"，利用县域融媒体中心的宣传优势，可以靶向性地将媒介素养教育融入传播渠道和传播内容。

根据格伯纳的"培养理论"，大众传媒提示的"象征性现实"对人们认识和理解现实世界发挥着巨大影响，而且这种影响是个长期的、潜移默化的过程[①]。利用县域融媒体中心的全媒体优势在电视、广播、报纸、微博、微信公众号中进行媒介素养知识和媒介批判思维内容，可最大限度节省媒介素养教育的成本，并在较长时期内培养基层群众的媒介

---

① 郭庆光：《传播学概论》，中国人民大学出版社2004年版，第226页。

素养，有效实现媒介素养教育的目的。

二　拓展媒介参与渠道，改善媒介互动参与质量

民主参与理论指出，大众传播媒介要向普通公众开放，允许个人和群体的自主参与。该理论除了对公众个体的知情权、传播权、媒介接近和使用权给予了较高的关注外，还强调小规模的、双向的、参与性的媒介比大规模的、单向的、垄断性的巨大媒介更合乎社会理想。[①] 该理论对我们的启示在于，大众媒介有保障社会所有公民平等参与进媒介的职责，应该为不同社会群体参与进媒体的传播提供相应的条件。

随着手机媒体和社交媒体的兴起，媒介参与的渠道更加多元且双向，且对所有的社会群体一视同仁，因而农民群体的媒介参与意识得到了一定的激发。但受传统媒体时代习惯的影响，农民群体媒介参与热情即便得到了激发，其媒介参与行动却很迟缓。有些农民个体即便参与了媒介互动或生产，其参与和创作的质量却良莠不齐，实在堪忧。

（一）兼顾传统互动方式，发展新媒体互动方式

在传媒技术的带动下，传统媒体时代的媒体互动方式如读者（听众）来信、热线电话都逐渐被时代所淘汰。伴随着互联网的发展，手机短信互动、网络转发评论、手机点赞评论、扫码参与等方式开始成为新的媒介参与方式。但在农村，媒介素养接触使用条件虽然得到了一定的保证，但媒介批判和参与的习惯尚未形成，很多农民个体并未意识到对媒体议题的参与是自己媒介化生存的一部分，更少有人视之为是其社会参与行为的一部分，因而媒介互动和参与并没有取得农民的足够重视。

在微博、微信、短视频等新媒体样式出现后，越来越多的农村个体参与进媒介内容的生产过程。不少的农民个体开始利用互联网写文章、发视频、做直播，在获得自我满足感的同时，还赚取了可观的收入。这

[①]　郭庆光：《传播与教程》，中国人民大学出版社 2004 年版，第 139—140 页。

表明大部分的农民个体都有了参与媒介互动的条件，需要调动的仅仅是其参与媒体互动和内容创作的热情。

事实上，媒体可以聚焦农村使用最多的媒体样式和他们感兴趣的内容，发展更多针对农村的网络和新媒体互动方式和平台。如在微信或短视频上，开辟农村科技信息互动类、农村生活信息类、农村生活服务类账号，准确及时地传递他们关心的新技术、新观点和实用信息，激发农民关注信息的愿望，鼓励更多的农民群体参与平台内容的制作和传播，吸引更多的农民参与媒介互动。

（二）改善媒体参与内容，提高媒介参与质量

尽管新媒体技术给媒介参与提供了无限的可能，但媒介参与的内容和质量只停留在表面，并未深入。媒介互动自兴起之日起被冠以竞猜、抽奖等噱头，至今仍被大多数媒体沿用。从最初的幸运观众到线索提供奖励，再到发送短信或扫码赢大奖，无一不是以物质作为媒体参与的奖励。尽管这种方式可以激起人们参与媒介的热情，但以博彩为目的的媒介参与严重影响了媒介参与的质量。

首先，媒体应减少竞猜、抽奖类互动。竞猜、博彩类媒介互动作为调动媒介参与的主要手段，一直被各类媒体广泛沿用。但从参与质量和持续性上看，该类互动仅停留在表面，人们大多在利益的诱惑下敷衍性参与，很难达到深度参与，无法保证参与的质量。而话题讨论类的互动方式则可以弥补这一缺点，人们可以根据设置的话题在网络和新媒体上畅所欲言，实现思想和意见的交流。目前，微博、微信等社交媒体都可以设置话题，通过热门话题的设置，引导公众主动参与进媒体互动，不仅可以提高传受互动的活跃度，也能更好地了解传播内容的反馈，提高媒介参与的质量和效果。

其次，结合媒体特色找寻互动与节目（报道）内容的衔接点也不失是好办法。这方面，河南的私家车999广播做的较为出色，在其《陪你压马路》《全城娱乐》《私家车看天下》等栏目中，主持人都会以"关键词讨论""话题讨论"的方式，吸引听众通过微信公众号平台等

参与渠道参与其中，以主持人为轴，听众、主持人通过社交平台互相启发，引起新的子话题，同时穿插抖音直播互动等多种媒介参与方式。在农村，农村广播、对农电视节目和农村新媒体传播平台可以借鉴优秀节目的媒介参与内容，将农民感兴趣、感同身受的话题穿插进节目或者报道中去，利用传统或新的媒介参与渠道，让农民以话题讨论的方式参与进媒介互动的过程中，使其获得愉悦的参与满足感，进而提升媒介参与水平和质量。

三　组织线上线下特色活动，助力媒介素养教育推广

媒体作为传媒人才的聚集地，该行业从业人员的媒介素养水平明显高于其他群体。如果能有效利用其媒介素养优势，进行媒介素养教育的线上线下培训，将会给媒介素养教育带来巨大的助力。

（一）巧用传媒人才，开展线上线下媒介素养培训。

尽管目前手机、网络等新媒介在农村迅速发展，但仍有部分农民未学会合理利用这些媒体，新媒体利用率仍然低。目前，针对大学师生、政府干部的媒介素养培训已经非常普遍，但针对农村地区农民群体的媒介素养培训课程和公益讲座却非常少。

在媒介素养教育培训实施的过程中，政府部门可以与媒体联合，开展线上或者线下公益课程和讲座，并聘请媒介或学界的优秀人才定期下乡进行培训，提高农民的信息化观念，使其充分认识新媒体时代信息传播的特点和机制，培养其独立的批判意识，形成正确的媒介观。还可借鉴国外经验，采用专题短训班形式对成人进行媒介素养教育，如开展短期的函授或者面授培训班，对成人尤其是父母讲解新媒体技术，培养新媒体环境下的信息思辨能力和免疫能力。

在媒介素养教育的后期，可以根据农民群体的具体需求，进行新媒体传播技术培训，让更多的农民个体参与进新媒体内容的使用和生产，享受到数字经济的红利。目前，不少的媒体平台都推出了针对农民群体的培训或孵化项目。2019年，阿里巴巴推出了"乡村直播项目"，对农

民进行了淘宝平台的技术培训，指导农民进行淘宝直播，最具影响力的直播农民可以获得阿里巴巴的签约，将淘宝直播的农村业务提升到更高的水平。快手短视频平台在过去几年中一直在开展试点项目，为农村用户提供社会电子商务培训和资源，其创业孵化计划教会用户如何在短视频应用程序上建立和运行业务操作，这有助于农村企业家产生 140 万美元的集体收入①。而抖音短视频平台也在 2020 年推出了"新农人计划"，投入了 12 亿的流量资源，进行农村地区的流量扶持、运营培训、变现指导，全方位、多角度助力"三农"内容生产。

（二）利用线上活动，提高媒体内容生产的参与度

随着新媒体的不断普及，媒体以线上活动的形式吸引公众参与制作新闻的做法已十分普遍。由公众自己制作出的内容尽管质量参差不齐，但却因内容生产者来自大众而更接地气，生产的内容更能引起公众的共情。

找寻线上活动与农村之间的衔接点，提高农民线上活动参与度的关键。有感于丁真带动家乡走红的案例，My Radio 90.0、私家车 999 广播、河南教育广播于 2021 年 5 月 24 日至 6 月 25 日，推出了"奋斗百年·家乡有我"点亮红色地图接力赛，邀请所有河南的网民参与线上活动。只要打开 H5，上传与家乡景点的打卡合照，就能点亮城市，为家乡助力。短短几天间，河南十八地市均已成功点亮家乡。这表明，以家乡为衔接点来组织线上活动的思路十分可行。媒体可借鉴该活动的思路，组织"点亮乡村""乡村旅游景点打卡"等线上活动，提高农民群体在媒体线上活动中的积极性和参与度。

目前，越来越多的农民个体通过写文章，发视频，玩直播，寻找自我发挥的平台，这也为线上内容创作内活动提供了可能性。因此，媒体通过线上的作品征集活动已经十分常见。如由《新京报》主办的"#点赞逆行者#全国短视频征集活动"，得到了新华网、央视网等数十家媒

---

① 《证券时报》：《e 公司抖音发布首份三农数据报告：农村视频创作者收入同比增 15 倍》，https：//www.thepaper.cn/newsDetail_forward_13267407，2021 年 6 月 23 日。

体的支持，鼓励大家去记录生活中不同身份的"逆行者"。这样的活动，鼓励全民参与进内容生产，大大提高了人们的参与热情。未来，可多开展与农民群体有关的线上作品征集活动，如"最美乡村""谁不说俺家乡好"等主题的线上活动，都将对农民群体的媒介参与起到带动作用。

（三）开展线下活动，增加媒介运行机制的了解度

近些年，不少媒体通过各种线下活动，吸引公众参与进媒介内容的制作和内容生产中来。较常见的线下活动为幸运观众活动、亲子参与类活动或教育类实践活动，多以青少年为主要的参与对象。各地媒体举办的小记者系列活动是线下活动中较为成功的案例。

2015年，新华网江苏频道在开展了一系列小记者社会教育实践活动的基础上，经过精心谋划和反复设计，开设了新华网江苏小记者专栏，给江苏的小记者们提供了专属的新闻生产天地，受到了社会各界的一致好评。光明日报出版社和《教育家》杂志社在全国范围内开展的"光明小记者"系列实践活动，也在下一代的媒介素养教育方面发挥了特定的作用。"光明小记者"网站上，不仅记录了"光明小记者"活动的最新动态，还在"课程"栏目以人文素养、基础素养和专业素养三个分类对不同需求的学生提供了媒介教养教育的视频，这些都将对青少年的媒介素养教育提供了宝贵的经验。

小记者系列活动的成功表明，线下活动在媒介素养教育方面的可行性。未来，利用传媒互动优势，以线下活动为依托，可以让农民群体对大众传媒的运作机制、工作流程有充分的了解。比如，可定期开展针对农民或农民工群体的媒体实地参观、深度参与项目，公开并邀请他们参与媒体信息采集、制作、传播流程，将有助于他们媒介认知能力和媒介参与能力的提升。还可以通过主题类参与活动，解释媒体的公益性和商业性之间的关系，传授如何区别商业性和实用性信息的技巧，增强农民对传媒信息及传播方式的了解，形成较为独立的信息思辨能力。

总之，媒体在媒介素养的氛围营造和媒介素养教育的实践中，发挥着重要的作用。不仅要加强从业人员的媒介素养教育，生产高质量的媒介信息，还要发挥媒体在媒介教育中的传播优势和人才优势，发挥媒体的责任感，为农民群体媒体素养的提升贡献自己的力量。

第三节　农民个体：转变观念，加速媒介素养觉醒

在当下，媒介环境的变化给媒介使用者和参与者带来了巨大的影响。尽管政府和媒体可以构建媒介素养教育的大环境，但究竟是"外因"，要想从根本上助推农民媒介素养的提升，还需要从农民这一"内因"上下手。只有加速媒介素养意识的觉醒，积极主动进行媒介素养水平的提升，才能在复杂的媒介信息中立足并充当下一代人的媒介向导。

一　借助意见领袖，加速媒介批判能力的培养

在媒体产业化步伐的推动下，公众的注意力始终是媒体争夺的重要资源。新媒体繁荣以后，传受边界的模糊使媒介环境更加复杂多变。一些媒体为了吸引眼球，不惜以低品位、低质量甚至是虚假的信息博出位。这种低水平内容生产的直接后果是，导致低文化水平、低媒介素养人群在媒介化生存中更加艰难。不管是充满感官刺激的广告，还是媚俗、低趣味、享乐主义的信息，都将对全民尤其是青少年的价值观产生负面的影响。因而如何批判性进行信息的选择、辨别、筛选和利用已经成为新媒体时代公民的必备素养。

在乡村振兴和数字乡村战略下，农民群体的媒介接触条件已经得到了一定的改善，但其在媒介信息的甄别和筛选上仍有较大的困难。在访谈中发现，不少农民个体对媒体存在一定的信任度，并未意识到自身媒介生存环境的复杂性，因而导致对传播的虚假、低俗类信息的防备降低。而微信和短视频作为农村信息传播中的主要渠道，在农村地区的信

息扩散中扮演着重要角色。农民群体的社交网络高度重叠，不良信息一经社群或朋友圈传播就会达到几何倍的扩散，多人转发后会自动形成议程设置效果，放大信息的影响力，进一步加速了农民群体媒介生存环境的恶化。

目前，大部分的农民个体其媒介素养意识的觉醒是靠经验，一旦其被不良信息和不良媒介产品坑骗，并产生了跟自身相关的负面影响，才会意识到媒介批判意识的重要性。但这样的经验往往是惨痛的，电子诈骗、网络诈骗等犯罪事件往往是以经济利益的损失作为代价。因此笔者认为，要想提高农民群体的媒介化生存质量，除了媒体和政府需要承担一定的责任外，还可以根据实际依靠农村地区的意见领袖来督促农民批判意识的觉醒。

拉扎斯菲尔德的"伊里调查"显示，大众传播的过程存在多级传播，大众传媒所传播的信息要经过意见领袖等中间环节来实现。[①] 农村地区具有很强的特殊性，传统农业时代农村的意见领袖在目前依旧具有很强的影响力。村干部或人际关系中的活跃者作为农村的意见领袖，他们的意见对村民的农业生产和日常生活中产生着重要的影响。因此，可以充分发挥农村意见领袖尤其是村干部和大学生村官的作用，利用他们在农村的影响力，将媒介素养教育和基层建设结合在一起。

在习近平总书记"脱贫攻坚既要扶智也要扶志，增强致富内生动力"的指示下，不少省份对农村意见领袖的培养行动已经开始。不少地市的宣传部与其他部门合力，结合农村实际情况，组织专业的团队进入农村地区开展以短视频为平台的网上带货培训，在实现农民增收的同时，也可助力农村媒介素养水平的提升，可谓一举多得。河南省濮阳市委组织部则把抖音、快手引入乡村干部党员教育培训，通过农村党支部学院对村支书和入党积极分子进行培训，快速实现农村新媒体意见领袖的培养。

随着数字乡村战略的推进，农村的物联网和村级信息服务站建设已

---

① 郭庆光：《传播学概论》，中国人民大学出版社 2004 年版，第 195—196 页。

经取得了一定的成果。因此，村级信息服务站和村级电商服务点都可以成为培训场所，实现从专家培训到意见领袖再到村民的多级传播。在具体培训的过程中，除了关注新媒体技术培训外，增加新媒体基本认识和运作机制的内容，并增加不良信息的案例，使越来越多的农民意识到媒介批判能力在媒介生存中的重要性。

二　走出意识误区，提高媒介参与积极性

媒介参与作为社会参与的一种，体现了农民群体公民意识的水平。在当前的媒介环境下，尽管农村地区的居民其媒介使用和媒介参与的意识已经开始觉醒，但调查发现，受生活环境、文化水平和固有思维的影响，农民的媒介参与意识与城市居民相比仍有一定的差距。在个人访谈中，受访者的媒介参与意识存在两个极端：绝大多数受访者表示，自己生活在农村，在能力和见地上与城市居民有明显的差别，在话题讨论或媒介参与时没有话语权，自身也没有参与的欲望；而小部分受访者则表示，新媒体给人们提供了很好的参与平台，所以任何人都可以在媒体上发表自己的言论，也可以随时转发传递信息，这是自己不可剥夺的权利，因而并没有考虑信息传播后的责任与后果。

事实上，这两种极端化的媒介参与意识都是不正确的。农民个体应克服农村弱势的思维定式，知道每个公民是社会的一分子，都有平等参与公共事务和媒介的机会。而媒介信息的接近权、使用权、传播权作为公民基本的权利，是受宪法保护的，因而农民个体更应该敢于争取平等的社会参与机会，以积极的态度参与进公共话题讨论，缩小目前对城乡民主参与意识的差距，为公共事务和媒介传播贡献建设性的力量。

其次，也应充分意识到农村群体或个人在信息传播中应履行的公民责任。作为一种中介，媒体在传递信息、文化交流、思想交融等当面发挥着重要的作用。因而传播过程中思想意识的碰撞在所难免。因此，要以包容的心态去看待不同群体的价值观差异，在自身理性思考的基础上提出自己的看法和观点，保证自身的观点不受负面情绪的影响，避免让

媒体成为个人情绪宣泄的出口，做遵纪避免守法、有道德、有底线且具有独立思考能力的理性公民。

此外，要将高质量媒介参与作为自己的目标，避免生产和传播低趣味、恶趣味的信息。在公众长期的意识中，农村和农民与"落后""老土"等标签可以划等号，加上短视频平台上早期"土味"农村短视频的影响，更加强化了这种意识。尽管目前各大短视频平台上农村题材仍占据半壁江山，但大量原生态、生活化的短视频已经实现从审美低俗到质量取胜的转变。优质的乡村信息，不仅能契合乡村振兴的发展战略发展新兴产业，还能提高媒介参与的质量，甚至能提升农村地区的群体形象。

三　提高保护意识，充当下一代的媒介向导

媒介社会生态环境理论指出，在媒介世界中，媒体已经深入人们的日常生活，公众正自觉不自觉地使用着各种不同的信息和产品，并通过传播活动及生活环境给媒体使用者带来影响。家庭作为人们日常生活的主要场所，是媒介基础重要的空间环境，因而不少学者呼吁，在学校教育的同时，家庭教育可以作为辅助手段，实现亲子间媒介知识、经验和技能的交流，进而达到提高媒介素养的效果。

在数字技术和移动技术的带动下，公众参与社交网络的机会越多，暴露在不良信息和不良媒介产品面前的概率就越大。但大多数的农民个体还未意识到信息甄别和信息保护对自己的重要性，因而他们无法独立应对媒介环境中的潜在风险。一旦出现了权益受损的情况，也不知道该如何维权。

一方面，农村地区的成人应提高自我保护意识。在使用媒介使用、信息生产、发布和传播的过程中，能清楚认识媒体的双面效应，学会独立且理性地处理媒介生存过程中的各种危机。在获取信息时，能妥善识别新媒体营销的套路，过滤不良信息和不良媒介产品，保护自己和子女不受其侵害。在信息接收、传播、参与的过程中，也应增强个人隐私意

识，避免因主观和客观层面的泄露而面临危机。一旦权益受到侵害，能够借助媒体的力量搜寻解决方案，并根据实际合理维权。

另一方面，与子女在媒介使用中实现共同进步。目前，青少年"媒介沉迷"现象在全国都很普遍，农村地区也不例外。家长应配合学校和社会，充当未成年子女的向导，指导其树立正确的媒介观，督促其媒介使用习惯，并在媒介接触的沟通中，实现双方媒介素养水平的互帮互助。如，家长在有害信息和不良信息的辨别上具有优势，可以对子女进行有效的指导；而子女在新媒体技术的学习上有天然的优势，可以帮助家长快速掌握新媒体使用方法。通过亲子交流和家庭活动，消除"代际知沟"的同时，也可促进媒介素养"知沟"的消融。

第四节　其他社会团体和个人：形成合力，推进媒介素养教育

在媒介素养教育实践中，单靠政府、媒体、学校其中一方进行媒介素养教育，力量无疑是单薄的。媒介素养教育在实施的过程中，更需要各类社会团体的支持和引导。只有全民都有"媒介素养"意识，才能共同创造媒介素养教育的社会氛围。

一　建立多样化的媒介素养组织，推进媒介素养实践

在国外的媒介教育发展史上，媒介素养教育的发起大都是由社会组织开始的，之后再落实到学校教育实践中，因此社会组织在媒介素养教育方面的作用不可小觑。目前，不少国家的媒介素养组织依旧在不遗余力地为媒介素养教育服务。有较大影响力的组织如美国洛杉矶的"媒介素养教育中心"、智利的"教育普及中心"和"文化、艺术表达与研究中心"、日本的"儿童与公民电视论坛"和澳大利亚的儿童电视基金会及媒介教师联合会 ATOM，这些组织在推动全球媒介素养教育过程中做出了极大的贡献。

加拿大著名的非营利机构 Media Smarts，致力于为全球提供最丰富的媒介教育资源。该组织成立于 1996 年，由该国资深的媒介教育专家作为智囊团，为全球的教师、家长和学生们提供丰富的资料库。在该组织的网页上，开设了数字和媒介素养专题，谈论的话题十分广泛，包括网络霸凌、网络沉迷、隐私保护、媒介消费主义等一系列当前热门议题。这些议题被融入各种在线益智游戏中，每个游戏的介绍页都清晰注明所针对的年龄段和其教学目的。此外，网站还专门为家长和老师提供媒介素养教育指导，分专题提供相关的教育资料和资源。在为老师们提供的教学资源中，清晰整理出了不同年龄段的教学目标和教学内容，并提供了免费的下载通道。

图 6 - 3　Media Smarts 网站截图①

而英国的 Media Smart 则是专供垂直领域的非营利组织，网站成立是初衷是帮助儿童理解广告。这个组织由广告公司和行业协会提供资助，在其网站上可以为教师们提供包括教案、课程 PPT 在内的全套资源。针对家长，网站也配备了和课程同一主题的指南手册，鼓励家长和孩子一起上网、看电视，和孩子讨论各种相关的话题，并用正确的方法进行引导。

---

①　图片来源：Media Smarts，https：//mediasmarts. ca/digital - media - literacy。

澳大利亚的媒介教师联合会 ATOM 自 1981 年成立以来，一直致力于媒介素养教育实践的推广，该组织主要成员为教师、专家和其他传媒从业人员。该组织为媒介素养的从业者们提供了很多学习资源，并每隔 18 个月举办一次全国性的会议，为教师们和学者们提供学术研讨和交流的空间。"该协会编写了媒介素养教育课程资源并出版了媒介期刊《METO》和《澳大利亚荧屏教育》，不仅为中小学教师提供和分享课堂实践经验，也为教师提供的媒介文本提供知识和实践的指导"[①]。此外，该协会还积极与其他媒介素养教育普及较好的国家或联合组织进行密切联系，共享信息和教学资源。

中国大陆的媒介素养教育组织大多与各大高校的学术研究者有一定的关系。目前，中国传媒大学媒介素养教学与研究中心、复旦大学媒介素养小组、浙江传媒学院媒介素养教育研究会、中国广播电视社会组织联合会媒介素养学术研究基地等作为国内主要的媒介素养教育组织，通过举办讲座和互动活动、筹办会议、组织专题研究等方式，不仅积极推动媒介素养教育的发展，也很好地营造出了全民关注媒介素养、开展媒介素养教育的社会氛围。

二 依托高等院校，推动农村地区媒介素养教育实践

从中国大陆媒介素养实践的发展来看，不管是媒介素养还是媒介素养教育都与高校的科研有着密切的联系。北京、广州、杭州各地的媒介素养教育实践都是"以研促训"直接或间接地促进了中国媒介素养教育的实践发展。以科研作为推手，不仅能够在政府层面、学术层面引起对媒介素养实践的关注，还能为媒介素养教育的实施提供必要的经费支持。

经过对国家社科基金项目数据库的检索，截至 2019 年，以"媒介

---

① 张玲、秦学智、张洁：《媒介素养教育课程论》，中国广播电视出版社 2013 年版，第 129 页。

素养"为关键词的课题共 13 项，以"信息素养"为关键词的课题共 13 项。尽管这些数据并不能代表其他级别的科研项目的数量，但在每年国家社科基金中占的比例仍较小，与农村媒介素养相关的课题更是寥寥无几。尽管在自媒体环境下，农村地区和西部地区的媒介素养教育问题开始引起学者们的注意，但与农村基层媒介素养教育实践有关的研究仍然较少。

首先，国家和各省市加强对媒介素养科研项目的重视，引导学者们关注媒介素养问题。2020 年，我国已经实现了脱贫攻坚的阶段性胜利，消除了贫困和区域贫困。习近平总书记指出："脱贫攻坚既要扶智也要扶志，增强致富内生动力。"媒介素养作为农村人口"软实力"的代表，其提升不仅可以助力贫困人口现代信息平台的信息获取能力，还能还能发挥信息"扶志"作用，潜移默化改变贫困地区的脱贫的主动性，助力产业扶贫，为减贫提供不竭动力。因此关注农村地区的媒介素养教育意义重大。在科研项目选题拟定时，可以设立农村研究专项或者媒介素养专项，吸引各地学者重视媒介素养教育。

其次，以应用型科研项目推动媒介素养教育实践。在之前众多的科研项目中，黄山学院的何村教授和浙江传媒学院的宋红岩教授已经用他们的成功经验告诉我们以项目带动媒介素养教育的可行性。目前，不少学者在进行科学研究时，忽略了应用型、实践性科学研究对基层建设的重要性，因而研究成果不符合基层实际，应用价值也就大打折扣。未来，可以借助田野调查、调研活动激发高校教师和学生的能动性，以应用型科研项目为抓手，将高校的科学研究和农村基层的媒介素养教育链接起来，为农村地区的媒介素养教育提供实用经验。

最后，利用先行高校的力量，起到示范作用。目前，中国传媒大学、复旦大学、浙江传媒学院依旧在中国媒介素养教育实践方面充当着先行者。2020 年 7 月，由浙江传媒学院承办的第八届中国（西湖）媒介素养高峰论坛以"数字信息环境下的媒介素养教育"和"重大社会安全突发事件中的风险传播和媒介素养研究"为主题，吸引了来自联合国教科文组织、联合国儿童基金会、中央网信办、人民网等单位的领导嘉宾，中国社会科学院、香港浸会大学、日本关西大学等单位海内外媒介素养研究方面的专家学者也出席了会议。这些高端媒介素养会议的召开和承办，可以起到很好的示范带头作用，有利于全球各行业、各高校对媒介素养教育理论和实践的交流，在国内外营造浓厚的研究氛围。

三　借助社会力量，开展媒介素养活动

为了更好地推动媒介素养教育的发展，充分发挥各类社会团体和个人的优势，使其参与进媒介素养公益活动也是媒介素养教育推动的法宝。在当前社会，公司、名人都承担着一定的社会责任，应该为当前国家和社会的热点问题贡献自己的力量。

一方面，可以利用名人效应，开展媒介素养教育的宣传。明星和社会名人在社会上拥有较大的影响力，因此我们可以利用其在信息传播中的名人效应，使其参与进媒介素养教育的宣传中来。如利用头部明星主播的直播团队优势，录制商业直播类培训课程，对农村地区的电商直播进行专业技术指导。同时，利用偶像明星的人气，请明星代言媒介素养或发动话题倡议多位明星转发，扩大媒介素养教育宣传的力度。如新冠病毒肺炎疫情期间，由一线明星发起的"#不信谣不传谣#"话题，经由微博和社交媒体的传播，引起了很好的传播效果。

另一方面，可以利用社会企业的优势，进行媒介素养推广项目。不同的社会企业在各自的领域都有自身的优势，因而我们可以利用他们的资金、技术或人才优势为媒介素养教育服务。如中国移动重庆公司在保障农村基础设施的同时，积极利用移动云视讯来进行远程培训和益农直播，为2020年农民手机应用技能培训提供新的途径。快手App则联合了新希望集团、中国经济网、《农民日报》、《中国农村》杂志社及全国农村产业融合发展联盟，开展面向"三农"从业者的"绿领公益大课堂"，以线上线下深度融合的方式，助力"新农人"实现乡村振兴。数

据显示，疫情期间，快手教育生态农技类累计上传的免费公益课超过90万分钟，学习人次超过80万。未来，可以更深层地挖掘各类社会企业的优势，使其深度参与进媒介素养实践活动中，全面共同推进中国农村地区的媒介素养教育。

结　语

正如加拿大传播学家麦克卢汉在他的名著《理解媒介》中所说，媒介文化已经把传播和文化凝聚成一个动力学的过程，将每个人都裹携其中，生活在媒介文化所制造的仪式和景观之中，我们必须要"学会生存"。① 随着媒介多元化趋势的发展，我们会被越来越多的媒介信息所包围，媒介对于我国整体国民素质的巨大影响已远远超过了以往任何社会阶段。在媒介化的社会里，无论是发达的国家还是发展中国家，媒体素养教育都将成为必然趋势。

纵观十年前后的调查结果，尽管现阶段农民的媒介素养水平受各种因素的影响，整体水平与其他群体有着一定的差异，但作为中国最广大的媒介市场，农村拥有着无可限量的媒介发展空间。随着农村媒介基层设施的不断完善和媒介素养教育的不断推进，农民的媒介素养水平将会有阶段性地发展。而新时代农村 80、90 后农民不断的成长，更会为新农村注入崭新的活力，媒介素养的培养也就势必会经历从"输血"到"造血"的转变，从根本上改变农民媒介素养水平低的现状。

---

① ［加拿大］马歇尔·麦克卢汉：《理解媒介：论人体的延伸》，何道宽译，译林出版社2019 年版。

参考文献

中文书目：

白传之、闫欢：《媒介教育论起源、理论与应用》，中国传媒大学出版社 2008 年版。

比尔·科瓦齐，汤姆·罗森斯蒂尔：《真相：信息超载时代如何知道该相信什么》，陆佳怡、孙志刚译，中国人民大学出版社 2014 年版。

布尔迪厄：《关于电视》，许钧译，辽宁教育出版社 2000 年版。

卜卫：《大众媒介对儿童的影响》，新华出版社 2002 年版。

陈先元：《大众传媒素养论》，上海交通大学出版社 2005 年版。

丛立新、章艳：《澳大利亚课程标准》，人民教育出版社 2004 年版。

段京肃、杜骏飞：《媒介素养导论》，福建人民出版社 2007 年版。

古斯塔夫·勒庞：《乌合之众》，冯克利译，中央编译出版社 2014 年版。

哈贝马斯：《作为"意识形态"的技术与科学》李黎、郭官义译，学林出版社 1999 年版。

郝伯特·马尔库塞：《单向度的人——发达工业社会意识形态研究》，刘继译，上海译文出版社 1989 年版。

何村、赵光昱：《当代大学生三农问题调查》，吉林大学出版社

2010 年版。

黄爱民、彭少健、张开国、王天德：《中学生媒介素养读本》，中国广播影视出版社 2017 年版。

黄楚新：《新媒介素养》，知识产权出版社 2012 年版。

焦锦淼、赵保佑：《河南文化发展报告（2008）》，社会科学文献出版社 2008 年版。

刘勇武：《山花烂漫：一群理想主义者的乡村教育实践》，武汉大学出版社 2010 年版。

吕巧平：《媒介化生存——中国青年媒体素质研究》，中国传媒大学出版社 2007 年版。

尼尔·波兹曼：《娱乐至死》，章艳译，广西师范大学出版社 2005 年版。

欧内斯特·巴克：《英国政治思想：从赫伯特·斯宾塞到现代》，黄维新等译，商务印书馆 1987 年版。

强海燕：《中、美、加、英四国基础教育研究》，人民教育出版社 2005 年版。

荣建华：《中国媒介素养教育论》，中国社会科学出版社 2011 年版。

斯坦利·J. 巴兰：《大众传播概论：媒介素养与文化》，中国人民大学出版社 2016 年版。

单晓红：《媒介素养引论》，浙江大学出版社 2008 年版。

邵瑞：《中国媒介教育》，中国传媒大学出版社 2006 年版。

邵瑞：《高校辅导员媒介素养》，山东人民出版社 2015 年版。

谭泓：《构建和谐社会理论与实践探讨》，山东大学出版社 2008 年版。

王天德：《中国媒介素养研究人物史》，中国广播影视出版社 2017 年版。

吴翠珍、陈世敏：《媒介素养教育》，巨流图书股份有限公司 2007 年版。

吴翠珍、郑茹雯：《别小看我互动教学手册》，财团法人公共电视

文化事业基金会 2001 年版。

沃尔特·利普曼：《公众舆论》，闫克文、江红译，上海人民出版社 2002 年版。

吴玉兰：《媒介素养十四讲》，北京大学出版社 2014 年版。

袁军：《媒介素养教育论》，中国传媒大学出版社 2010 年版。

约书亚·梅罗维茨：《消失的地域：电子媒介对社会的影响》，肖志军译，清华大学出版社 2002 年版。

约翰·费斯克：《理解大众文化》，王晓钰等译，中央编译出版社 2001 年版。

詹姆斯·波特：《媒介素养》，李德刚等译，清华大学出版社 2012 年版。

张海波：《媒介素养——小学生用书》，南方日报出版社 2013 年版。

张海波：《媒介素养——教师用书》，南方日报出版社 2013 年版。

张海波：《家庭媒介素养教育》，南方日报出版社 2016 年版。

张开、张艳秋、臧海群：《媒介素养教育与包容性社会发展》，中国传媒大学出版社 2014 年版。

郑素侠：《媒介化社会中的农民工：利益表发与媒介素养教育》，中国社会科学出版社 2013 年版。

郑素侠：《农村留守儿童的媒介使用与媒介素养教育》，社会科学文献出版社 2017 年版。

张艳秋：《理解媒介素养：起源、范式与路径》，人民出版社 2012 年版。

中华人民共和国国家统计局：《中国统计年鉴》，中国统计出版社 2009 年版。

中文论文：

陈晓慧等：《美国媒介素养定义的演变和会议主体的变革》，《中国电化教育》2012 年第 7 期。

柏清：《当代中国大众文化传播语境下的传媒素养教育》，硕士学位论文，兰州大学，2006 年

卜卫：《论媒介教育的意义、内容和方法》，《现代传播》1997 年第 1 期。

陈力丹、陈俊妮：《传媒在"新农村"建设中的作用》，《当代传播》2006 年第 3 期。

陈力丹：《关于媒介素养与新闻教育的网上对话》，《湖南大众传媒职业技术学院学报》2007 年第 2 期。

大卫·帕金翰：《英国的媒介素养教育：超越保护主义》，宋小卫译，《新闻与传播研究》2000 年第 2 期。

大卫·帕金翰、张开、林子斌：《媒介素养教育在英国（上）》，《现代传播》2006 年第 5 期。

桂琳：《信息素养与媒介素养辨析》，《中国成人教育》2007 年第 24 期。

郭丽萍：《美国媒介素养教育发展述评》，《武汉理工大学学报（社会科学版)》2016 年第 1 期。

郭铮：《英国青少年媒介素养教育的发展历程及启示》，《新闻爱好者》2013 年第 3 期。

胡连利、王佳琦：《我国大陆媒介素养研究的进展与缺失》，《河北大学学报（哲学社会科学版)》2007 年第 1 期。

黄旦、郭丽华：《媒介教育教什么？——20 世纪西方媒介素养理念的变迁》，《现代传播》2008 年第 3 期。

李苓、李红涛：《以媒介素养考察农民与媒体关系》，《当代传播》2006 年第 3 期。

李宁：《新生代农民工媒介使用情况调查》，《新闻爱好者》2011 年第 10 期。

李秀云：《中国媒介素养教育思想萌芽的阐发》，《新闻记者》2005 年第 1 期。

李艳华：《传播素质与媒介素养辨析》，《当代传播》2006 年第 2 期。

李月莲、王天德：《培养 21 世纪本领：浙江省媒介素养教育的目标与实践》，《中国广播电视学刊》2012 年第 4 期。

林晓华：《少数民族农民媒介素养现状调查》，《当代传播》2008 年第 2 期。

刘行芳、刘修兵：《论新型城镇化背景下农民媒介素养的提升》，《现代传播》2015 年第 12 期。

马超：《数字媒体时代城乡青年的媒介使用与媒介素养研究——来自 S 省青年 [21] 群体的实证调查》，《四川理工学院学报（社会科学版）》2018 年第 5 期。

欧阳宏生、闫伟：《快乐有度 过犹不及——对当前"电视娱乐化"问题的再思考》，《当代电视》2010 年第 2 期。

彭兰：《社会化媒体时代的三种媒介素养及其关系》，《上海师范大学学报（哲学社会科学版）》2013 年第 3 期。

宋红岩：《农民工新媒介参与和利益表达调研与分析》，《中国广播电视学刊》2012 年第 6 期。宋小卫：《西方学者论媒介素养教育》，《国际新闻届》2000 年第 4 期。

宋小卫：《学会解读大众传播（上）——国外媒介素养教育概述》，《当代传播》2000 年第 2 期。

宋小卫：《学会解读大众传播（下）——国外媒介素养教育概述》，《当代传播》2000 年第 2 期。

韦文杰、马海娇：《媒介偏倚理论视角下农村留守儿童媒介使用现状与媒介教育研究》，《西部广播电视》2019 年第 1 期。

王天德：《中国的媒介素养教育研究重在社会教育——兼述浙江省媒介素养社会教育体悟》，《中国广播电视学刊》2013 年第 3 期。

夏商周：《我国需要"媒介扫盲"》，《新闻记者》1994 年第 1 期。

杨靖：《媒介暴力对农村留守儿童的影响》，《当代传播》2012 年第 3 期。

杨振华：《强化服务三农是媒体的历史责任》，《中国广播电视学刊》2005 年第 5 期。

叶蒙获、黄鸣刚：《新农村建设视野中的青年媒介素养教育》，《中国广播电视学刊》2009 年第 3 期。

张开：《媒介素养学科建立刍议》，《现代传播》2016 年第 1 期。

张开：《媒介素养理论框架下的受众研究新论》，《现代传播》2018 年第 2 期。

张开、丁飞思：《回放与展望：中国媒介素养发展的 20 年》，《新闻与写作》2020 年第 8 期。

张晓岩：《广播电视受众参与的危机与出路》，《新闻记者》2005 年第 9 期。

张艳秋：《国外媒介教育发展探析》，《国际新闻界》2005 年第 2 期。

张志安、沈国麟：《媒介素养：一个亟待重视的全民教育课题》，《新闻记者》2004 年第 5 期。

张振华：《强化服务"三农"是媒体的历史责任》，《中国广播电视学刊》2005 年第 5 期。

郑保章、柴玥：《我国媒介素养教育体系的建构主题及方式》，《新闻记者》2005 年第 6 期。

郑素侠：《农村留守儿童的媒介素养教育：参与式行动的视角》，《现代传播》2013 年第 4 期。

周小普、刘楠：《乡村振兴战略语境下社会底层群体的传播》，《广州大学学报（社会科学版）》2019 年第 18 期。

其他中文文献：

《2019 年河南省国民经济和社会发展统计公报》，河南省统计局，2020 年。

2020 中国淘宝村研究报告：《淘宝村和淘宝镇网店年交易额超 1 万

亿元》，https：//baijiahao. baidu. com/s？ id＝1681044361675897058&wfr＝spider&for＝pc，2020 年 10 月 20 日。

中国互联网信息中心：《中国互联网络发展状况统计报告》，2010 年—2020 年。

光明小记者，https：//www. gmxjz. com。

农业农村信息化专家咨询委员会，2019—2020，《中国数字乡村发展报告》。

濮阳全攻：《河南工艺四宝之一：神奇的麦秆画》，https：//www. sohu. com/a/126128570_177287，2017 年 2 月 13 日。

《证券时报》：《e 公司. 抖音发布首份三农数据报告：农村视频创作者收入同比增 15 倍》，https：//www. thepaper. cn/newsDetail_forward_13267407，2021 年 6 月 23 日。

郑筱倩、张高峰：《河南网民喜欢网上交友》，《河南商报》2010 年 1 月 16 日第 2 版。

中国互联网中心办公室：《2019 年全国未成年人互联网使用情况研究报告》，http：//www. cac. gov. cn/2020－05/13/c_1590919071365700. html，2020 年 5 月 13 日。

中国日报网：《淘宝农民主播亮相国家丰收节：村里已走出 10 万农民主播》，https：//baijiahao. baidu. com/s？ id＝1678508615586723168&wfr＝spider&for＝pc，2020 年 9 月 22 日。

中国文明网：《人民日报：什么因素制约了我国文化消费发展》，http：//archive. wenming. cn/pinglun/2009－07/06/content_17005127. htm，2009 年 7 月 6 日。

外文文献：

Behrens Shirley J. , A Conceptual Analysis and Historical Overview of Informatin Literacy, *College and Research Libraries*, 1994 （4）.

Bourdieu, *Entwurf either Theorie der Praxis auf der ethnologischen*

Grundlage der kabylischen Gesellschaft，Frankfurt：Suhrkamp，1979.

Carol E. and Craggs，*Media Education in the Primary School*，London：Routledge II New Fetter Lane，1992.

Lee Rainie and Barry Wellman，*Networked：The New Social Operating System*，London：The MIT press，2012.

Sander，U. and Vollbrecht，R.，*Kinder und Jugendliche im Medienzeitalter*，Opladen：Leske + Budrich，1987.

Tichenor，Ph. J. and G. A. Olien，*Mass Media and the Differential Growth in Knowledge*，C. N.：PQQ，1970.

Treumann，K. P.，Baacke，D.，Haacke，K.，Hugger，K. and Vollbrecht，R.，*Medienkompetenz im diqitalen zeitalter*，Opladen：Leske + Budrid，2002.

附录1 2010年河南农民媒介素养现状调查问卷

您好！非常感谢您接受本次问卷调查！本调查旨在了解您对媒介素养的看法，回答无所谓正确与错误之分。您所提供的真实情况和宝贵意见，对于我的研究具有重要意义。本次调查仅用于学术研究，我保证对您的信息严格保密。祝您生活愉快！心想事成！

说明：

1. 根据您的同意程度在题后选项上打勾，若无特别注明的都是单选题；

2. 请根据自己的实际情况和真实体验回答，注意不要遗漏；

媒介认知篇

1. 您认为记者的权力？

A. 很大   B. 较大

C. 不大   D. 不知道

2. 您认为媒体（报纸、广播、电视、互联网等）的作用是？（请根据您的同意程度在每行合适的格中打√）

	非常不同意	不同意	半同意半不同意	同意	非常同意
报道国内外新闻	1	2	3	4	5
宣传国家政策	1	2	3	4	5

续表

	非常不同意	不同意	半同意半不同意	同意	非常同意
监督政府和相关部门执法	1	2	3	4	5
传递生活和生产信息	1	2	3	4	5
娱乐，为生活增加乐趣	1	2	3	4	5

3. 您认为报社的收入从哪来？

A. 政府拨款   B. 卖报收入

C. 广告收入   D. 不知道

媒介使用篇

4. 您经常使用下列媒体吗？（请在每一行适当的格中打√）

	从不	较少	有一些	经常	很经常
报纸	1	2	3	4	5
广播	1	2	3	4	5
电视	1	2	3	4	5
网络	1	2	3	4	5
手机	1	2	3	4	5

5. 请问您为什么使用这些媒体？（请在每一行适当的格中打√）

	完全不同意	不同意	半同意半不同意	同意	完全同意
获取国内外新闻	1	2	3	4	5
获取生产、生活信息	1	2	3	4	5
表达情感，娱乐身心	1	2	3	4	5
增加与别人聊天时的话题	1	2	3	4	5

6. 平均起来，您每周约看电视_____次，共约看_____小时。

平均起来，您每周约听广播_____次，共约看_____小时。

平均起来，您每周约读报纸_____次，共约看_____小时。

平均起来，您每周约上网_____次，共约上_____小时。

7. 您通常什么时间收听广播：

A. 8：00 以前 　　　　　　　　　B. 8：00—11：30

C. 11：30—13：30 　　　　　　　D. 13：30—17：00

E. 17：00—20：00 　　　　　　　F. 20：00—22：00

G. 22：00 以后

8. 您通常什么时间收看电视：

A. 8：00 以前 　　　　　　　　　B. 8：00 – 11：30

C. 11：30 – 13：30 　　　　　　　D. 13：30 – 17：00

E. 17：00 – 20：00 　　　　　　　F. 20：00 – 22：00

G. 22：00 以后

9. 您上网目的是：

A. 看新闻 　　　　　　　　　　　B. 查找资料

C. 聊天 　　　　　　　　　　　　D. 收发邮件

E. 玩游戏 　　　　　　　　　　　F. 网上购物

G. 找工作

10. 您没有接触网络的原因：

A. 家里没电脑 　　　　　　　　　B. 没那个闲钱

C. 不会用电脑 　　　　　　　　　D. 不知道上网有啥用

E. 网络上虚假信息太多

11. 您有没有手机：

A. 有 　　　　　　　　　　　　　B. 没有

12. 您有没有订阅手机报？

A. 有 　　　　　　　　　　　　　B. 没有

13. 如果需要某方面的信息，您是否能熟练地运用媒介找到？

A. 能 　　　　B. 基本能 　　　　C. 不能

14. 您在阅读或观看了媒体的一些报道后，您是否会有自己的想法？

A. 经常 　　　　B. 偶尔 　　　　C. 从不

媒介评价篇

15. 您对下列说法的同意程度？

	非常不同意	不同意	半同意半不同意	同意	非常同意
报纸上的内容是真实准确的	1	2	3	4	5
报纸上的内容值得信赖	1	2	3	4	5
广播上的内容是真实准确的	1	2	3	4	5
广播上的内容值得信赖	1	2	3	4	5
电视上的内容是真实准确的	1	2	3	4	5
电视上的内容值得信赖	1	2	3	4	5
网络上的内容是真实准确的	1	2	3	4	5
网络上的内容值得信赖	1	2	3	4	5
媒体提供的信息对我很有用	1	2	3	4	5

16. 您认为媒介中的暴力、色情等消极内容对您周围的人影响大吗？

A. 没有影响   B. 有影响，但影响不大

C. 影响很大

17. 您认为媒介中的暴力、色情等消极内容对孩子的影响大吗？

A. 没有影响   B. 有影响，但影响不大

C. 影响很大

媒介参与篇

18. 当您从媒体上获得了某些重要的信息后，您会主动告诉其他人吗？

A. 会   B. 不会   C. 不知道

19. 如果您在生活中有一些事情或者想法，您会通过媒体表达吗？

A. 会   B. 不会   C. 不知道

20. 如果您的权利受到损害，您会：

A. 给媒体写信或打热线电话   B. 网上发帖

C. 给媒体发短信　　　　　　　　D. 上访

E. 什么都不做

基本资料篇

21. 您的性别：

A. 男　　　　　　　　　　　　　B. 女

22. 您的年龄_____岁。

23. 您在学校接受正规教育_____年。

24. 您的家庭年收入_____元

附录2 2009年河南县域经济排名

排名	县域	GDP（亿元）	所属地区	排名	县域	GDP（亿元）	所属地区
001	巩义市	242.68	郑州	018	安阳县	123.10	安阳
002	偃师市	224.58	洛阳	019	中牟县	119.21	郑州
003	新密市	208.59	郑州	020	项城市	109.38	周口
004	新郑市	201.94	郑州	021	唐河县	109.07	南阳
005	荥阳市	190.06	郑州	022	许昌县	108.03	许昌
006	禹州市	175.08	许昌	023	临颍县	101.88	漯河
007	灵宝市	157.38	三门峡	024	武陟县	101.85	焦作
008	永城市	156.84	商丘	025	新野县	100.46	南阳
009	长葛市	156.00	许昌	026	尉氏县	99.78	开封
010	登封市	150.52	郑州	027	襄城县	98.75	许昌
011	邓州市	146.68	南阳	028	博爱县	97.83	焦作
012	伊川县	145.23	洛阳	029	辉县市	97.43	新乡
013	镇平县	140.64	南阳	030	固始县	96.71	信阳
014	新安县	140.40	洛阳	031	鄢陵县	94.81	许昌
015	林州市	138.26	安阳	032	孟州市	86.96	焦作
016	汝州市	135.56	平顶山	033	濮阳县	86.54	濮阳
017	沁阳市	123.72	焦作	034	杞　县	84.35	开封

续表

排名	县域	GDP（亿元）	所属地区	排名	县域	GDP（亿元）	所属地区
035	温 县	83.37	焦作	060	开封县	61.12	开封
036	鹿邑县	81.19	周口	061	淇 县	60.75	鹤壁
037	虞城县	76.85	商丘	062	郸城县	60.47	周口
038	滑 县	76.70	安阳	063	通许县	58.37	开封
039	宝丰县	76.12	平顶山	064	西华县	58.23	周口
040	渑池县	75.47	三门峡	065	睢 县	58.10	商丘
041	淮阳县	74.02	周口	066	兰考县	57.35	开封
042	长垣县	73.15	新乡	067	宜阳县	57.11	洛阳
043	淅川县	70.87	南阳	068	孟津县	56.11	洛阳
044	新乡县	70.27	新乡	069	内黄县	55.47	安阳
045	太康县	69.52	周口	070	浚 县	54.78	鹤壁
046	潢川县	69.46	信阳	071	商水县	53.86	周口
047	方城县	68.81	南阳	072	泌阳县	53.79	驻马店
048	栾川县	68.74	洛阳	073	郏 县	52.27	平顶山
049	西峡县	68.09	南阳	074	息 县	51.91	信阳
050	叶 县	67.89	平顶山	075	汤阴县	51.18	安阳
051	修武县	66.93	焦作	076	新蔡县	51.01	驻马店
052	上蔡县	66.11	驻马店	077	柘城县	50.57	商丘
053	夏邑县	65.82	商丘	078	嵩 县	50.48	洛阳
054	西平县	65.18	驻马店	079	遂平县	50.18	驻马店
055	南召县	64.82	南阳	080	清丰县	49.98	濮阳
056	舞钢市	64.78	平顶山	081	平舆县	49.87	驻马店
057	内乡县	64.50	南阳	082	义马市	49.73	三门峡
058	沈丘县	63.15	周口	083	光山县	49.25	信阳
059	民权县	61.88	商丘	084	陕 县	48.04	三门峡

续表

排名	县域	GDP（亿元）	所属地区	排名	县域	GDP（亿元）	所属地区
085	桐柏县	47.81	南阳	097	确山县	40.45	驻马店
086	汝南县	47.36	驻马店	098	淮滨县	40.31	信阳
087	罗山县	46.52	信阳	099	原阳县	39.89	新乡
088	舞阳县	46.34	漯河	100	封丘县	38.83	新乡
089	社旗县	45.63	南阳	101	汝阳县	37.61	洛阳
090	正阳县	44.99	驻马店	102	延津县	36.24	新乡
091	鲁山县	44.70	平顶山	103	获嘉县	36.11	新乡
092	商城县	44.26	信阳	104	范县	35.82	濮阳
093	南乐县	43.62	濮阳	105	宁陵县	33.00	商丘
094	卫辉市	42.90	新乡	106	新县	32.46	信阳
095	扶沟县	41.84	周口	107	台前县	26.81	濮阳
096	洛宁县	41.06	洛阳	108	卢氏县	19.80	三门峡

附录3　河南农村地区媒介素养调查（2020）

　　您好，感谢您百忙之中抽空完成我们的问卷调查。我们是河南财经政法大学"河南农村地区媒介素养调查"项目组，调查旨在了解您对媒介素养的看法，回答没有正确与错误之分。本次调查仅用于学术研究，我保证对您的信息严格保密。祝您生活愉快！心想事成！

说明：

1. 根据您的同意程度在选项上打勾，若无特别注明的都是单选题；
2. 请根据自己的实际情况和真实体验回答，注意不要遗漏。

基础资料篇

1. 您的性别：

A. 男　　　　　　　　　　　　B. 女

2. 您的年龄：

A. 19 岁及以下　　　　　　　　B. 20—29 岁

C. 30—39 岁　　　　　　　　　D. 40—49 岁

E. 50—59 岁　　　　　　　　　F. 60 岁及以上

3. 您的学历：

A. 初中及以下　　　　　　　　B. 高中

C. 大学、大专　　　　　　　　D. 硕士及以上

4. 您的家庭年收入为_____元。

媒介认知篇

5. 你认为以下哪些媒体样式是新媒体？［多选题］

A. 报纸、杂志   B. 广播、电视

C. 网站、论坛   D. 微博、博客

E. 微信及微信公众号

F. 新闻客户端（如今日头条、澎湃新闻、人民日报等）

G. 短视频客户端（如抖音、快手等）

H. 其他

6. 您认为媒体（报纸、广播、电视、新闻类客户端等）的作用是？

［多选题］

A. 报道国内外新闻   B. 宣传国家政策

C. 监督政府和相关部门执法   D. 传递生活和生产信息

E. 娱乐，为生活增加乐趣

7. 您认为媒体的收入从哪儿来？

A. 政府拨款

B. 售卖所得（卖报、卖节目、流量收入）

C. 广告收入   D. 不知道

媒介使用篇

8. 您经常使用以下哪些媒体？［多选题］

A. 报纸   B. 广播

C. 电视   D. 网站、论坛

E. 微博   F. 微信（朋友圈）

G. 新闻客户端   H. 短视频（如抖音、快手）

I. 其他

9. 您为什么使用这些媒体？［多选题］

A. 看新闻   B. 查资料

C. 网上购物   D. 聊天，社交

E. 玩游戏 　　　　　　　　　 F. 工作

G. 增加跟别人聊天时候的话题 　　 H. 娱乐消遣

10. 您经常什么时间使用这些媒体？［多选题］

A. 早上 　　　　　　　　　　 B. 上午

C. 下午 　　　　　　　　　　 D. 晚上

E. 随时

11. 您平均每天使用以下媒体的时间：［请在每一行适当的格中打√］

	从不	一小时以内	2—4 小时	4—6 小时	6 小时以上
报纸					
广播					
电视					
网站					
微博、微信、短视频等手机应用					

12. 如果需要某方面的信息，您是否能熟练地运用媒介找到？

A. 能 　　　　 B. 基本能 　　　　 C. 不能

媒介评价篇

13. 在阅读或观看了媒体的一些新闻后，您是否会有自己的看法？

A. 经常 　　　 B. 偶尔 　　　 C. 从不

14. 相比而言，以下哪些媒体的内容您觉得是真实可信赖的？［多选题］

A. 报纸 　　　　　　　　　　 B. 广播

C. 电视 　　　　　　　　　　 D. 网络

E. 权威新闻客户端（如人民日报、澎湃新闻、今日头条等）

F. 微博 　　　　　　　　　　 G. 微信或朋友圈

H. 以上都不

15. 您认为媒介中的暴力、色情、负能量等消极内容对您周围的人影响大吗？

A. 没有影响　　　　　　　　B. 有影响，但不大

C. 影响很大

16. 您认为媒体中的暴力、色情、负能量等消极内容对孩子影响大吗？

A. 没有影响　　　　　　　　B. 有影响，但不大

C. 影响很大

媒介参与篇

17. 当您从媒体上得知了某些重要的信息后，您会主动告诉或转发给其他人吗？

A. 会　　　　B. 不会　　　　C. 不知道

18. 如果您能参与进媒体内容的制作，您愿意参与吗？

A. 愿意　　　　B. 不愿意　　　　C. 不知道

19. 如果您的权利收到损害，您会：

A. 给媒体或者市长热线打电话

B. 在网上或者朋友圈写材料发布

C. 向相关部门反映情况

D. 什么都不做

20. 您有没有在网上或手机上发布过自己创作的内容？（如打油诗、短视频、文章感想等）

A. 有　　　　B. 没有　　　　C. 不知道

21. 您有没有在网上或者手机上针对一些事件发表过自己的评价？

A. 有　　　　B. 没有　　　　C. 不知道

附录4 2019年河南县域经济排名

排名	县域	GDP（亿元）	所属地区	排名	县域	GDP（亿元）	所属地区
001	禹州市	833.20	许昌	018	偃师市	443.60	洛阳
002	巩义市	801.21	郑州	019	灵宝市	437.00	三门峡
003	长葛市	776.10	许昌	020	尉氏县	436.98	开封
004	新郑市	720.32	郑州	021	中牟县	428.91	郑州
005	济源市	686.96		022	伊川县	419.60	洛阳
006	新密市	683.10	郑州	023	固始县	409.55	信阳
007	永城市	615.79	郑州	024	鹿邑县	398.90	周口
008	林州市	535.87	安阳	025	兰考县	389.87	开封
009	荥阳市	535.52	郑州	026	项城市	374.20	周口
010	新安县	501.90	洛阳	027	孟州市	373.50	焦作
011	汝州市	475.70	平顶山	028	太康县	372.70	周口
012	长垣市	469.30	新乡	029	滑 县	372.60	安阳
013	武陟县	463.30	焦作	030	鄢陵县	370.20	许昌
014	襄城县	452.50	许昌	031	临颍县	360.00	洛阳
015	邓州市	450.04	南阳	032	杞 县	356.20	开封
016	登封市	448.05	郑州	033	孟津县	350.30	洛阳
017	沁阳市	447.30	焦作	034	宝丰县	339.60	平顶山

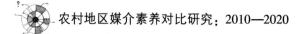

续表

排名	县域	GDP（亿元）	所属地区	排名	县域	GDP（亿元）	所属地区
035	辉县市	338.81	新乡	060	方城县	252.40	南阳
036	虞城县	338.38	商丘	061	西峡县	251.20	南阳
037	唐河县	335.50	南阳	062	内乡县	245.40	南阳
038	沈丘县	332.00	周口	063	淇 县	244.86	鹤壁
039	宜阳县	330.00	洛阳	064	汝南县	243.27	驻马店
040	郸城县	327.80	周口	065	正阳县	242.20	驻马店
041	民权县	324.00	商丘	066	西平县	240.21	驻马店
042	潢川县	301.53	信阳	067	商城县	235.19	信阳
043	商水县	300.50	周口	068	扶沟县	233.50	周口
044	博爱县	292.90	焦作	069	淅川县	233.40	南阳
045	温 县	291.00	焦作	070	封丘县	233.03	新乡
046	浚 县	286.70	鹤壁	071	罗山县	232.36	信阳
047	通许县	286.39	开封	072	光山县	230.52	信阳
048	泌阳县	285.76	驻马店	073	遂平县	226.42	驻马店
049	夏邑县	281.60	商丘	074	淮滨县	225.92	信阳
050	西华县	279.50	周口	075	睢 县	222.90	商丘
051	新蔡县	272.25	驻马店	076	渑池县	218.99	三门峡
052	拓城县	271.90	商丘	077	范 县	213.64	濮阳
053	濮阳县	263.85	濮阳	078	新乡县	211.27	新乡
054	新野县	261.58	南阳	079	栾川县	210.00	洛阳
055	上蔡县	260.76	驻马店	080	叶 县	207.02	平顶山
056	镇平县	256.90	南阳	081	洛宁县	205.10	洛阳
057	平舆县	254.60	驻马店	082	郏 县	201.08	平顶山
058	息 县	253.91	信阳	083	嵩 县	198.00	洛阳
059	舞阳县	253.50	漯河	084	清丰县	196.79	濮阳

续表

排名	县域	GDP（亿元）	所属地区	排名	县域	GDP（亿元）	所属地区
085	社旗县	194.27	南阳	096	鲁山县	160.60	平顶山
086	桐柏县	187.40	南阳	097	南召县	155.00	南阳
087	确山县	182.85	驻马店	098	获嘉县	153.48	新乡
088	宁陵县	181.70	商丘	099	修武县	150.70	三门峡
089	汝阳县	180.40	洛阳	100	义马市	149.80	三门峡
090	卫辉县	170.63	新乡	101	延津县	147.51	新乡
091	南乐县	168.96	濮阳	102	舞钢市	145.00	平顶山
092	内黄县	168.07	安阳	103	台前县	115.69	濮阳
093	原阳县	163.96	新乡	104	卢氏县	115.65	三门峡
094	新　县	163.05	信阳	105	安阳县	92.05	安阳
095	汤阴县	162.49	安阳				